Les croisades

Du même auteur

L'idéologie du glaive, préhistoire de la chevalerie, Genève, (éd. Droz), 1983 (Préface de Georges Duby)
L'essor de la chevalerie, XIe*-XII*^{e} *siècle,* Genève, (éd. Droz), 1986 (Préface de L. Génicot)
La première croisade. L'occident chrétien contre l'islam (aux origines des idéologies occidentales), coll. "La Mémoire des Siècles", Bruxelles (éd. Complexe), 1992, (2e édition, 1997)
La chevalerie en France au Moyen Âge, Paris (éd. PUF), 1995
La chevalerie, Paris (éd. J.-P. Gisserot), 1998
Brève histoire de la chevalerie, Gavaudun (éd. Fragile), 1999
Croisade et chevalerie, XIe*-XII*^{e} *siècles,* Paris-Bruxelles (éd. De Bœck-Université), 1998
Chevaliers et chevalerie au Moyen Âge, Paris (éd. Hachette), 1998
Pierre l'Ermite et la première croisade, Paris (éd. Fayard), 1999 (prix de l'Académie française, "Histoire et sociologie de l'an 2000")
Richard Cœur de Lion, le roi chevalier, Paris (éd. Payot), 1999
La guerre sainte. La formation de l'idée de croisade dans l'Occident chrétien, Paris (éd. Aubier-Flammarion), 2001

Jean Flori
Directeur de Recherche au CNRS

Les croisades

Origines, réalisations, institutions, déviations

EDITIONS JEAN-PAUL GISSEROT
10 rue Gracieuse, 75005 Paris

Introduction

LA CROISADE a drainé les forces vives de l'Occident chrétien pendant deux siècles et mobilisé les esprits pendant près d'un demi-millénaire. Elle constitue à ce titre un fait majeur de l'Histoire.

Les croisades présentent aussi de nombreux traits de paradoxe.

Premier paradoxe : elles sont menées par des chrétiens, sous le signe de la croix, au nom d'une religion qui, à l'origine, se voulait pacifiste, contre les musulmans du Proche-Orient, fidèles d'une religion qui, au contraire, n'avait jamais répudié l'usage de la guerre et avait dès l'origine incorporé le *jihad* à sa doctrine, tout en pratiquant dans les terres conquises une assez large tolérance.

Second paradoxe : les croisades sont l'aboutissement d'un mouvement beaucoup plus vaste de reconquête chrétienne, qui, amorcé d'abord en Espagne, y puise ses premiers traits de guerre sainte avant de les amplifier de manière considérable lorsque cette reconquête prend pour objectif Jérusalem et le tombeau du Christ, premier des Lieux saints de la chrétienté. Or, cette reconquête réussit pleinement en Occident mais échoue, à moyen terme, au Proche-Orient où la contre-attaque musulmane en vient même à franchir le Bosphore, à s'emparer de Constantinople en 1453 et à menacer l'Europe orientale.

Troisième paradoxe : la croisade avait pour but de secourir les chrétiens d'Orient, berceau du christianisme, et d'aider l'Empire byzantin à reconquérir les territoires envahis par les musulmans, dans une perspective d'union des Églises. Or, tout au long des croisades entreprises, on constate que le fossé ne cesse de élargir entre l'Occident chrétien, catholique et romain, et l'Orient chrétien, orthodoxe et grec. Loin d'amener l'union des Églises, les croisades ont accentué et scellé la désunion.

Quatrième paradoxe : la croisade prêchée par Urbain II se présente à la fois comme une guerre de libération de la Palestine et comme un pèlerinage au Saint-Sépulcre. Elle réunit ainsi les privilèges et la sacralité suréminente qui lui viennent de sa destination : Jérusalem et les Lieux saints. Or, cette sacralité et ces privilèges ont été très tôt déconnectés de l'objectif qui les "justifiaient", et détournés pour servir à la valorisation idéologique des nombreux combats menés par l'Église, ou plus exactement par la papauté, contre ses ennemis extérieurs (musulmans, païens), mais aussi intérieurs (hérétiques, schismatiques ou rivaux politiques).

Cinquième paradoxe : la croisade avait pour but la reconquête des territoires perdus, et non la conversion des "infidèles" ni la formation d'un régime colonial. Or, la croisade entretient des liens étroits - quoique confus et discutables - avec la mission, dont l'ampleur accentue d'ailleurs après son échec ; de plus, la rupture avec l'Orient chrétien, en brisant l'unité et la continuité territoriale des terres reconquises, isole les États latins résultant du succès de la première croisade et les place en situation de dépendance envers l'Occident ; cette situation crée les conditions économiques, sociales, militaires, politiques et idéologiques de la formation d'une entité de type précolonial dont il ne faut d'ailleurs pas exagérer les traits.

Enfin, et ce n'est pas le moindre des paradoxes, l'échec final des croisades ne tarit pas l'idée de croisade, qui continue à vivre et à imprégner les mentalités, à créer des idéologies qui modèlent durablement les esprits, tant en Occident que dans le Proche-Orient musulman. Cet échec, par ailleurs, suscite bientôt des plans destinés à contourner la puissance musulmane du Proche-Orient pour l'attaquer à revers, la priver, en en emparant, des ressources économiques du commerce avec l'Orient lointain (route de la soie et des épices). Les voyages de découvertes sont en partie issus de ce plan. Les navires des grands explorateurs maritimes, aux voiles marquées de la croix, vont permettre l'essor de l'Occident et la formation, bien réelle cette fois, des empires coloniaux. Si la croisade est à l'origine du colonialisme, c'est bien davantage par son échec que par sa réussite.

PREMIÈRE PARTIE

LES ORIGINES

Introduction

LA CROISADE prêchée par Urbain II en 1095 marque le terme d'une véritable révolution doctrinale. L'Église chrétienne, en un millénaire, passe du rejet de la violence armée à l'usage sanctifié des armes, du pacifisme à la guerre sainte, puis à la croisade.

Son principal concurrent, l'islam, n'a pas eu besoin d'une telle révolution. Contrairement à Jésus, Mahomet (le Prophète Mohammed) n'a pas rejeté le pouvoir politique ni l'emploi de la force armée et n'a pas hésité à combattre en personne à la tête des guerriers musulmans. Le *jihad*, même s'il faut donner à cette expression le sens large d'un "effort dans la voie de Dieu", comporte à coup sûr dès l'origine une dimension militaire, celle de la guerre sainte.

Est-ce à dire pour autant que le *jihad* a poussé le christianisme vers la guerre sainte ? Oui et non. Non, parce que l'évolution du christianisme vers l'acceptation de la guerre, puis vers la valorisation morale de l'usage des armes a commencé bien avant la confrontation des deux mondes chrétien et musulman. Oui, parce que cette confrontation a contribué à amplifier, au sein du monde chrétien, la progressive sacralisation de la guerre menée pour la chrétienté, pour l'Église et pour sa tête, la papauté.

La croisade, en effet, ne naît pas spontanément en 1095 : elle est l'aboutissement d'une progressive sacralisation de la guerre, issue à la fois de la sanctification de la cause à défendre - le monde chrétien, les Églises et principalement l'Église de Rome - et de la diabolisation de l'adversaire, les envahisseurs païens d'abord, puis musulmans, assimilés aux païens. On ne peut pas comprendre l'origine et la signification de la croisade sans évoquer, au moins sommairement, les faits majeurs qui ont conduit à l'affrontement armé du monde chrétien et du monde musulman, et détourné le christianisme du pacifisme originel vers la guerre sainte.

I. L'Église et la guerre, des origines à l'an mil

Le message de Jésus de Nazareth était foncièrement pacifiste, comme son comportement : il prêche un amour du prochain incluant l'ennemi, renonce à tout pouvoir terrestre, prône la non-violence, refuse de se défendre et interdit à ses disciples de faire usage de l'épée, se laisse enfin crucifier en priant pour ceux qui le clouent au bois.

Comme Jésus, les premiers chrétiens sont pacifistes et non-violents. Leur patrie est "au ciel" et non sur la terre : ils espèrent très proche ce retour du Christ venant établir cette patrie, le royaume de Dieu. Ils ne sont pas pour autant de mauvais citoyens : suivant les préceptes de l'Apôtre Paul, ils estiment juste d'obéir aux autorités romaines, dans la mesure où les exigences de l'empereur ne sont pas contraires à la loi divine.

Or, l'un des principaux motifs d'opposition concerne précisément le service militaire. Les premiers chrétiens y sont réfractaires, et plusieurs écrits (Origène, Tertullien, Hyppolyte de Rome, etc.) affirment l'incompatibilité du christianisme et du service dans l'armée romaine. Cette attitude pacifiste n'entraîne pas encore de grandes difficultés, car Rome a une armée de métier, et l'engagement est un acte volontaire. La situation change lorsque la pression des Barbares sur les frontières de l'empire accroît la nécessité des conscriptions. De nombreux chrétiens, alors, la refusent et subissent le martyre.

La conversion de Constantin amène une première modification de cette attitude : devenu chrétien, l'empereur favorise l'Église jusqu'alors persécutée ("édit" de Milan, 313) ; il apparaît comme un homme providentiel, et l'Empire chrétien comme une entité politique voulue par Dieu pour assurer la paix des chrétiens et la diffusion de leur foi. Le concile d'Arles (314) entérine ce premier virage : il excommunie les chrétiens qui refusent de porter les armes en temps de paix. Seul le clergé en sera désormais dispensé ; les prêtres doivent garder les mains pures et ne pas verser le sang. La guerre n'en est pas encore pour autant valorisée sur le plan moral : les soldats qui tuent au combat commettent un péché et sont astreints à pénitence.

Une nouvelle inflexion doctrinale a lieu lors des invasions barbares, que de nombreux chrétiens assimilent à un châtiment de Dieu annonciateur de la fin des temps. Saint Augustin combat cette interprétation, déconsidère durablement la tendance eschatologique, mais pose en même temps les fondements de la doctrine de guerre juste, apaisant ainsi les craintes de certains : on peut plaire à Dieu tout en étant soldat.

La fin de l'Empire romain en Occident amène une nouvelle inflexion dans le sens déjà ébauché. Les Barbares qui, désormais, dominent l'Occident imposent en effet leurs mentalités et leurs spiritualités, parmi lesquelles les valeurs guerrières occupent une grande place. Le christianisme tente bien de les adoucir, mais doit toutefois leur faire une place et s'en trouve lui aussi modifié, par osmose.

Par ailleurs, la plupart des envahisseurs avaient déjà été christianisés auparavant. Mais ils étaient de tendance arienne (comme Arius, il n'acceptaient pas la pleine nature divine du Christ), alors que la majorité de la population, particulièrement en Gaule, était catholique. Pour conjurer ce "péril arien", l'Église romaine tente de convertir à la foi "catholique" le roi franc Clovis, l'un des rares rois barbares demeuré païen. Elle y parvient. Clovis, baptisé aux alentours de l'an 500, bénéficie d'une intense propagande faisant de lui le champion de la foi catholique. C'est là une nouvelle étape dans le processus de valorisation de la guerre menée pour les intérêts de l'Église.

Cette inflexion s'accroît encore au milieu du IXe siècle, pour deux raisons majeures :

- la première résulte de l'affaiblissement des rois mérovingiens (les "rois fainéants" de nos anciens livres d'histoire), presque tous trop jeunes, incapables de gouverner et mis sous l'éteignoir par leur entourage aristocratique, en particulier par les maires du palais, qui exercent bientôt la réalité du pouvoir. C'est particulièrement le cas avec Charles Martel, dont le prestige s'accroît encore par suite de sa victoire retentissante sur les Arabes, près de Poitiers (732). Il apparaît aux yeux de certains comme le "sauveur" de la chrétienté, et aux yeux de beaucoup comme le véritable roi.

- la seconde vient de l'alliance renouvelée de la papauté avec le pouvoir franc. Menacé à Rome par les Lombards, le pape fait appel aux armées de Charles Martel, qui ne répond pas. En 751, il renouvelle son appel à son fils Pépin, maire du palais d'Austrasie, et cautionne le coup d'État de celui-ci, qui détrône le roi mérovingien Childéric III. Pépin et sa famille sont oints par le pape qui légitime ainsi la nouvelle dynastie Pépinide, qui deviendra carolingienne.

À la même époque, la papauté tente de se constituer un domaine territorial, le "Patrimoine de Saint-Pierre", sur la base du faux le plus célèbre de l'histoire : la "fausse donation de Constantin". Pour l'obtenir et le défendre militairement, la papauté se tourne délibérément vers le nouveau pouvoir franc, qu'elle valorise plus encore en lui reconnaissant le titre impérial en 800. Devenu ainsi le protecteur naturel du Saint-Siège, l'empire carolingien se voit du même coup investi d'une mission guerrière valorisée et sacralisée. C'est là une nouvelle étape dans le lent processus de sacralisation de la guerre menée pour la chrétienté, et plus encore peut-être pour la papauté.

Les menaces extérieures, surtout si elles viennent des "païens" ou assimilés, contribuent bien évidemment à la sacralisation des combats menés contre eux. Or, ces menaces s'amplifient dès l'époque carolingienne : les Sarrasins ont envahi l'Espagne et le sud de la France dès le début du VIIIe siècle, et mènent jusqu'en 972 des raids de pillage à partir de leur repaire de La Garde-Freinet, dans le massif des Maures. Les Normands ravagent les côtes et les rivages des fleuves dès l'an 800, et inspirent une terreur qu'amplifient encore les récits des moines, dont les monastères sont les premières cibles de ces pillards, à cause des richesses qui y sont thésaurisées. Le péril ne s'atténue qu'après 911, lorsque le duché qui deviendra la Normandie leur est attribué. À l'Est, les raids des Hongrois s'avancent parfois jusqu'au cœur de la France actuelle. Ils sont battus par l'empereur Otton Ier à Lechfeld, en 955 : Otton, lors de cette bataille, porte la Sainte Lance, qui est censée avoir percé le Christ en croix. Il y a là une indéniable sacralisation de la guerre menée contre ces "païens". De manière plus générale, cette sacralisation s'exprime aussi dans les prières et les bénédictions sur les armes et sur les bannières de ceux qui vont combattre ces ennemis "païens", parfois désignés nommément.

Conclusion

À la fin du Xe siècle, on le voit, l'Église a accompli une véritable révolution doctrinale dont nous venons de relater sommairement les principales étapes. La guerre n'est plus tenue pour un mal absolu, mais apparaît comme un mal nécessaire pour protéger les chrétiens et les églises de maux plus grands encore.
Au Xe siècle, la notion de chrétienté est en train de naître de la prise de conscience de ce qui, malgré leurs divergences et leurs conflits, unit

entre eux les habitants de l'Europe occidentale : c'est la religion. De toute part, ils viennent de subir les assauts et les invasions d'adversaires qui, ne partageant pas leurs croyances, sont tenus à tort ou à raison pour des "païens ; ils sont désignés dans les textes par des expressions comme "ennemis du nom chrétien", "ennemis de la foi", "ennemis du Christ", "de Dieu", "sectateurs du diable", etc. Cette perception diabolise l'adversaire et sacralise au contraire ceux qui luttent contre eux par les armes.

Jusqu'alors, il s'agit essentiellement de guerres défensives, mais ce fait intervient peu dans le processus de sacralisation qui conduit à la guerre sainte. En effet, à l'exception des régions du nord-est européen, tous les territoires occupés ou menacés par ces "païens" ont été jadis chrétiens. C'est particulièrement le cas des régions envahies par les "Sarrasins". La lutte armée entreprise contre eux pour la reconquête des terres perdues, jadis peuplées majoritairement de chrétiens et qui comptent encore de très nombreuses communautés, prend plus encore des traits de guerre sainte, aussi bien en Occident qu'en Orient, berceau du christianisme.

II. L'idée de guerre sacralisée aux alentours de l'an mil

Aux alentours de l'an mil, la chrétienté n'est plus tout à fait une citadelle assiégée. Pourtant, deux faits importants rappellent aux chrétiens la précarité de leur situation et peuvent contribuer à une nouvelle sacralisation de la guerre menée contre les musulmans.

Le premier se situe en Orient. Depuis 638, les guerriers musulmans, sans complexes à propos de la guerre qu'a personnellement pratiquée et prêchée le Prophète de l'islam, se sont emparés de la Syrie et de Jérusalem, premier des Lieux saints du christianisme et devenu centre majeur de pèlerinage dès l'époque constantinienne. Le tombeau du Christ y est, dès cette époque, l'objet d'une grande vénération et Constantin fait contruire pour lui la première basilique, l'église du Saint-Sépulcre. Rappelons aussi le rôle attribué à Hélène, la mère de l'empereur, dans la découverte de la Vraie Croix, relique qui va jouer un rôle majeur dans la croisade.

Contrairement au christianisme, l'islam, dès son origine, ne répugne aucunement à l'usage de la guerre, non pour convertir, mais pour conquérir de nouveaux territoires sur lesquels la loi de l'islam est appelée à s'imposer. Cet usage sanctifié de la guerre *(jihad)* n'exclut nullement la tolérance pratiquée envers les croyants monothéistes, chrétiens et juifs, admis à conserver, mais sans prosélytisme ni ostentation, leur religion en tant que "protégés" *(dhimmi)*.

La domination musulmane n'est pas pour autant toujours bien acceptée, et l'on voit très vite apparaître, au sein du christianisme oriental, des écrits polémiques au ton parfois très violent. Plusieurs d'entre eux assimilent l'invasion musulmane à un fléau de Dieu châtiant l'Église à cause de ses péchés, comme jadis il châtia le peuple hébreu par la domination militaire des Assyriens, des Babyloniens ou des Perses. Ces châtiments ont, pour les croyants, une valeur pédagogique et sont toujours temporaires, annoncés par des prophéties. Certains auteurs cherchent donc dans les prophéties bibliques la prédiction de la domination arabe, et espèrent y découvrir aussi l'annonce de leur fin. En 692, par exemple, l'*Apocalypse de méthode* croit pouvoir annoncer que l'occupation arabe de la Syrie, envahie en 636, prendra fin soixante-dix ans plus tard, soit vers 706. On espère alors que l'empereur de Byzance viendra libérer cette terre jadis chrétienne. D'autres auteurs encouragent dans le même sens les chrétiens, et prédisent la fin prochaine de cette "calamité" temporaire, prélude à la fin des temps qu'ils espèrent proche. Pourtant, cette reconquête byzantine tarde, et un *modus vivendi* s'établit entre le pouvoir musulman et l'empire.

Cette *"pax arabica"* est momentanément brisée, vers l'an mil, par le sultan al-Hakim. Musulman hétérodoxe et peut-être déséquilibré ou en tout cas mégalomaniaque (il se veut d'origine divine et persécute brièvement à la fois les chrétiens et les musulmans "orthodoxes"), il détruit de nombreuses églises et fait abattre l'église constantinienne du Saint-Sépulcre en 1009. Elle sera reconstruite quelques années plus tard, aux frais de l'empire byzantin. Cet événement, selon de nombreux historiens actuels, aurait eu un très faible impact en Occident. Je n'en suis pas très sûr. Plusieurs écrits font en effet allusion à cette période troublée : on en trouve des échos chez Raoul Glaber, Adémar de Chabanne, et dans l'encyclique dite de Sergius IV, jadis considérée comme apocryphe mais en cours de réhabilitation (Schaller). Je crois donc plus sage d'admettre que l'Occident, ou au moins certains milieux cléricaux, qui forment l'opinion, en ont été choqués.

À cette date, l'Occident a pu être ému par cette destruction et envisager une réaction, mais il n'a pas, pour le moment, les moyens de la réaliser. Les conflits "féodaux" dont témoignent les écrits de ce temps ne doivent certes pas être exagérés, mais suffisent à occuper les esprits des princes et de leurs guerriers. Il n'empêche : les pèlerinages, qui se multiplient au cours du XIe siècle, rapportent de Jérusalem des récits qui mettent l'accent sur la précarité de la situation des chrétiens en ces lieux, sur le "délabrement" du sépulcre et des Lieux saints et sur les tracasseries, péages et humiliations, réelles ou supposées, infligées aux pèlerins. Tout cela entretient un climat qui prépare les esprits à une éventuelle intervention, sans que l'on puisse encore en déterminer la nature.

Le second fait se situe en Occident, en Espagne, lui aussi aux alentours de l'an mil. À cette date, la Reconquista espagnole subit un brutal coup d'arrêt et doit même refluer sous les coups d'al Mansour.

Dès 720, en effet, la résistance aux envahisseurs arabes s'était organisée dans le royaume des Asturies. Cette résistance avait pris des traits de guerre sainte : deux chroniques asturiennes du IXe siècle tracent en effet de Mahomet et des musulmans un portrait très caricatural que l'on peut attribuer à une volonté de propagande. On y retrouve de nombreux traits identiques à ceux qui figurent déjà à la même époque en Orient. Là aussi, l'invasion arabe est perçue comme un châtiment temporaire de Dieu sur son peuple.

Pour ces chroniques asturiennes, il s'agit du peuple des Goths, maîtres de l'Espagne avant l'arrivée des Arabes. C'est pourquoi les Goths ont dû se réfugier en Asturie. Mais Dieu va à son tour châtier les Arabes, dont la domination doit bientôt prendre fin : selon l'interprétation qu'elles donnent des prophéties, l'occupation arabe doit durer cent soixante-dix ans. Après quoi, Dieu rétablira l'hégémonie des Goths sur la péninsule, par l'intermédiaire du roi Alphonse III. Ces chroniques prophétiques rédigées vers 883 annoncent donc pour très bientôt la fin de la domination musulmane, et sacralisent du même coup la lutte entreprise contre elle, puisqu'en agissant ainsi les guerriers chrétiens accomplissent le plan de l'histoire sainte prévue et annoncée par Dieu.

Cependant, la réalisation de cette prophétie tarde à s'accomplir, malgré les progrès de la Reconquista. Pis encore : en 1000, Almanzor rétablit son autorité sur l'ensemble de la péninsule, et s'empare même des cloches de l'église à Saint-Jacques-de-Compostelle. La détresse est telle que, par manque de guerriers, des moines doivent prendre les armes et combattre contre les musulmans.

Cet épisode marque d'ailleurs une nouvelle étape vers la formation idéologique d'une guerre sainte. En effet, selon Raoul Glaber qui le rapporte vers 1035, ces moines guerriers morts au combat seraient apparus dans une église de Gaule pour annoncer qu'ils avaient été admis parmi les martyrs, au sein du Paradis. Ainsi donc, pour la première fois dans l'histoire du christianisme, des moines dont la fonction est de prier et de gagner leur salut en se retirant des affaires et des tumultes du monde, et en se gardant plus encore de répandre le sang, auraient finalement obtenu ce salut en combattant par les armes contre les Sarrasins. Il y a là une évolution tout à fait remarquable, que le caractère isolé et "précurseur" du texte ne doit pas masquer.

III. L'idée de guerre sainte avant la croisade

Ces deux événements survenus en Orient et en Occident aux alentours de l'an mil montrent à la fois combien est précaire la situation des chrétiens face aux envahisseurs musulmans, et combien la victoire finale des chrétiens, prophétiquement annoncée, est alors espérée, valorisant du même coup ceux qui pourraient prendre part à cette lutte armée.

Pourtant, il faut attendre encore presque un siècle pour que s'épanouisse, dans l'Occident chrétien, l'idée d'une guerre sainte aboutissant concrètement à la croisade. Pourquoi ce délai ? On peut avancer plusieurs raisons à ce "retard".

La première est sans aucun doute l'atténuation des tensions idéologiques. En Orient, un nouveau *modus vivendi* s'est établi entre l'Empire byzantin et l'Empire musulman. Il en résulte un statu-quo politique qui ne sera rompu qu'avec l'apparition des Turcs seljoucides, vers 1070. En Occident, vers 1030, le califat de Cordoue est démantelé et c'est le règne des *taifas*, sorte de petits "royaumes" musulmans indépendants et rivaux, qui n'ont nullement la puissance nécessaire pour entreprendre la lutte contre les rois chrétiens du nord, auxquels ils paient tribut et s'allient parfois dans leurs conflits. Les opérations militaires prennent alors davantage l'allure de querelles de voisinage que d'affrontements idéologiques ou religieux. L'esprit de *jihad* s'affaiblit chez les gouvernants musulmans d'Espagne, ce qui profite aux rois chrétiens qui, peu à peu, grignotent leur territoire, sans pour autant mettre en avant l'aspect idéologique et religieux de leur combat : ils savent qu'il leur faudra vivre avec ces voisins, composer avec eux, et que cette attitude "neutre" leur est pour l'instant bénéfique. Là encore, la situation va changer dans le dernier tiers du XIe siècle.

La deuxième raison est la désaffection provisoire de la papauté envers ces conflits. Jusques vers 1050, l'évêque de Rome est, comme l'ensemble du clergé, sous la coupe des puissances laïques, en l'occurrence de l'empereur. Dans la seconde moitié du XIe siècle, c'est la tentative de libération de l'Église de l'emprise de ces puissances laïques qui occupe l'esprit et l'attention des papes. La réforme grégorienne entraîne d'ailleurs une nouvelle valorisation de la guerre entreprise pour cette libération, mais elle ne s'adresse pas prioritairement à ceux qui combattent les infidèles. Les bénéficiaires en sont avant tout ceux qui luttent contre les "hérétiques, schismatiques, simoniaques et concubinaires", en d'autres termes tous ceux qui, au sein de la chrétienté, s'opposent aux réformes entreprises par le pape Grégoire.

Cette valorisation est d'ailleurs d'une très grande ampleur : en 1053, par exemple, le pape Léon IX conduit sur le champ de bataille, à Civitate, ses guerriers récemment recrutés en Allemagne, pour y affronter les Normands de Robert Guiscard qui entreprennent en Pouille la conquête de terres que le pape considère comme siennes. Ils sont taillés en pièces, et le pape est emmené pour ainsi dire captif. Or, Léon IX, relayé par de nombreux écrivains ecclésiastiques, considère ces guerriers morts au service du pape comme des martyrs de la foi, et le pape affirme même avoir bénéficié d'une vision les montrant admis parmi les saints du Paradis, couronnés de gloire. Quelques années plus tard, Alexandre II et Grégoire VII soutiennent le combat armé du chevalier Erlembaud, chef de la pataria milanaise, en lutte contre le clergé "simoniaque" de Milan. Erlembaud est désigné par l'expression *"miles Christi"* (guerrier ou chevalier du Christ). Cette expression désignait jadis tous les chrétiens, aux premiers temps de l'Église. Elle s'applique depuis le Ve siècle aux clercs et aux moines. Ici, en 1070, elle désigne un guerrier combattant pour le pape. Trente ans plus tard, elle sera appliquée en priorité aux croisés. Nous sommes donc ici à un tournant caractérisé : le "combattant pour le Christ" ne lutte plus par la prière contre les forces obscures du Mal et du péché, mais par l'épée contre les ennemis du Saint-Siège, de l'Église, de la chrétienté. Erlembaud, d'ailleurs, est tué en 1075 et est aussitôt glorifié comme un martyr de la foi : des miracles ont lieu sur sa tombe, et il est même canonisé par Urbain II peu avant sa prédication de croisade. L'idée de guerre sainte n'est donc pas loin d'être arrivée à son terme.

Troisième raison : la réforme grégorienne se heurte, surtout dans l'Empire germanique, à la vive résistance du pouvoir civil. La "lutte du sacerdoce et de l'empire" qui en résulte occupe assez la curie romaine pour que soit mise provisoirement en sommeil l'idée d'une lutte armée contre l'islam. Toutefois, soulignons-le, la sacralisation progressive de la guerre menée pour les intérêts de l'Église et de la papauté prépare l'élaboration quasi définitive de l'idée de guerre sainte. Et ceci d'autant plus que les papes revendiquent des droits de propriété sur l'Espagne.

Lorsque les conditions se modifient, durant le dernier tiers du XIe siècle, l'idée d'une guerre sainte contre les musulmans, aussi bien en Occident qu'en Orient, reprendra avec une grande vigueur, enrichie entre-temps de tous les éléments signalés ci-dessus.

IV. La guerre contre les musulmans avant 1095

En Occident

Dès 1064, le pape Alexandre II manifeste son intérêt pour la Reconquista espagnole par une lettre dans laquelle il demande au clergé destinataire d'aider ceux qui ont décidé d'aller en Espagne à réaliser leur projet : le pape, par l'autorité de saint Pierre et de saint Paul, lève leur pénitence et leur accorde la rémission de leurs péchés.

Grégoire VII, lui aussi, manifeste son intérêt pour la reconquête espagnole. Dès son élection, en 1073, il incite ses fidèles à participer, au nom de saint Pierre, à la reconquête de la péninsule, dont le pape revendique la propriété sur la base de la fausse donation de Constantin. Il rappelle, dans une lettre à Ebbles de Roucy, chef de l'expédition, que tous ses guerriers doivent s'engager à reconnaître au pape la propriété des terres reconquises sur les infidèles. En effet, dit-il, le royaume d'Espagne occupé par les "païens" appartient de droit à saint Pierre. En 1088, Grégoire affirme à nouveau que l'Espagne a été "par une antique constitution" transmise à saint Pierre, de plein droit et en toute propriété. Combattre pour la reconquérir, c'est donc combattre pour saint Pierre, avec les récompenses prévues pour ses fidèles.

La valorisation des combats contre les musulmans d'Espagne est donc double : elle découle des intérêts matériels de la papauté qui en revendique la propriété, et de considérations d'ordre idéologique liées à la notion de libération de l'Église chère à Grégoire VII et reprise par Urbain II.

A. Becker a mis en lumière la conception théologique de l'Histoire qui inspire Urbain II. Elle est biblique et se résume en peu de mots : Dieu dirige les temps et les circonstances. Lorsque son peuple (Israël, puis l'Église) s'écarte de Dieu et néglige ses préceptes, Dieu le punit par les peuples païens qu'il utilise comme un fléau. Ce fut le cas jadis pour Israël, dominé par les Assyriens, les Babyloniens, les Perses et les Grecs. C'est le cas aujourd'hui avec l'occupation des musulmans. Mais si son peuple se repent de ses péchés et fait pénitence, Dieu lui pardonne et met fin au châtiment. Urbain II voit dans la réussite de la reconquête chrétienne qui s'amorce à la fois le signe du pardon de Dieu et la preuve de sa protection et de son approbation.

La reconquête, dès lors, prend les traits d'une guerre sainte. Urbain II développe cette conception dans de nombreuses lettres : il souligne que l'époque de domination musulmane, voulue par Dieu pour châtier les chrétiens de leurs péchés, a maintenant pris fin. La libération commence ; elle doit se poursuivre avec l'aide armée des chrétiens. Leur combat n'est donc plus entaché de péché, il ne rend plus nécessaire la pénitence, au contraire il accomplit le plan divin et devient par là même action pieuse et méritoire.

C'est pourquoi le pape exhorte le comte d'Urgel à participer à la restauration de Tarragone, désolée par 390 années d'occupation musulmane. Il pourra ainsi, dit-il, contribuer à "l'indulgence de ses péchés". Dès 1089, le pape incite aussi les princes de Tarragonaise à prendre part à la restauration de la cité. Bien plus : il conseille à ceux qui, en pénitence de leurs péchés et pour en obtenir la rémission, ont fait vœu de pèlerinage à Jérusalem, de consacrer plutôt leur argent à la restauration de la cité. Pour Urbain II, la lutte contre les musulmans en Espagne prend donc valeur méritoire équivalente à celle d'un pèlerinage, et peut s'y substituer.

Dans plusieurs lettres, Urbain II met sur un même niveau de mérite les combats des chrétiens en Espagne contre les "Maures" et celui que mènent à la même époque les croisés en Orient contre les Turcs. Dans une lettre adressée à l'évêque Pierre de Huesca, il se réjouit de ce que les peuples chrétiens ont été libérés de la tyrannie des Sarrasins sur les deux continents, par les victoires sur les Turcs en Asie et sur les Maures en Espagne. Dans une autre lettre aux comtes catalans, rédigée à l'époque même de la croisade, le pape affirme à nouveau la valeur méritoire de la Reconquête espagnole qu'il place au même niveau de mérite que la guerre contre les musulmans en Orient. Bien plus : il conseille vivement aux Espagnols qui ont fait vœu d'aller combattre en Asie de rester en Espagne pour combattre les Maures ; les uns comme les autres recevront les mêmes récompenses spirituelles.

Ces textes établissent clairement que, dans la pensée d'Urbain II, la reconquête chrétienne est UNE, en Orient comme en Occident. Il s'agit dans les deux cas d'une guerre sainte ayant valeur méritoire et pénitentielle, accordant à ceux qui la mènent la rémission de leurs péchés confessés et procurant des récompenses éternelles à ceux qui mourraient en combattant pour l'amour de Dieu, de leur foi et de leurs frères. Tous les éléments constitutifs de la guerre sainte sont ici réunis.

Pourtant, malgré les exhortations du pape, de nombreux guerriers espagnols préfèrent la croisade à la guerre en Espagne : il faudra, pour les dissuader de partir en Orient, renouveler sans cesse les équivalences des vœux et des privilèges. Pascal II, en 1100, doit même dans plusieurs lettres, interdire formellement aux guerriers espagnols de partir en croisade pour consacrer leurs forces à la Reconquista. Preuve, s'il en fallait, que la croisade, comme la Reconquita, est une guerre sainte, mais n'a pas pour autant le prestige de la croisade pour Jérusalem.

L'accélération de ce processus a probablement été facilitée par la recrudescence de l'idée de *jihad* en Espagne musulmane, et par le péril nouveau qui en résulte. En effet, devant les succès réitérés du roi de Castille Alphonse VI, qui mène jusqu'en Andalousie des raids dévastateurs et soumet les "rois" de *taïfas* à tribut, les rois de Séville et de Grenade se résignent enfin, à contrecœur, à faire appel au souverain Chérifien Yussuf ben Tashfin, maître du Maroc et d'une bonne partie du Maghreb. Celui-ci débarque en Espagne à la tête de ses guerriers berbères et entreprend, au nom du *jihad*, la reconquête d'al-Andalus. En 1086, il écrase à Zallaqa les armées chrétiennes d'Alphonse VI. Puis il élimine les *taïfas* et tente d'unir toute l'Espagne sous son autorité. Au moment où Urbain II prêche la croisade, le péril sarrasin n'est pas encore conjuré, loin s'en faut, en Espagne. On comprend pourquoi Urbain II tente, sans grand succès, d'assimiler la guerre sainte en Occident à la croisade pour Jérusalem.

En Orient

La situation évolue dans le même sens en Orient. La relative entente qui règnait jusqu'alors entre Byzance et les États musulmans de la région est brusquement rompue par l'irruption des Turcs seldjoukides, depuis peu convertis à l'islam sunnite, qui prennent le contrôle de la Perse en 1055. En 1071, Alp Arslân écrase les troupes byzantines à Mantzikert et capture l'empereur Romain IV Diogène. Cette victoire assure la mainmise des Turcs sur tout le nord de la Syrie, à l'exception de la région d'Antioche, qui résiste jusqu'en 1085. Elle leur ouvre la porte de l'Asie Mineure jusqu'aux rives du Bosphore, et celle de la Palestine, que les Seldjoukides sunnites disputent aux Fatimides d'Égypte, chi'ites.

Ces conflits entre musulmans accroissent l'insécurité dans la région. Des tribus dissidentes, les Danishmendites par exemple, pillent souvent l'Anatolie. En revanche, les rivalités incessantes des principautés turques indépendantes (Damas, Alep, Tripoli, Nicée) permettent à Byzance d'espérer se maintenir et reprendre un jour l'offensive.

Porté au pouvoir en 1081, l'empereur grec Alexis doit faire face à la double menace des Turcs et des Normands d'Italie du Sud, qui, en 1081, traversent l'Adriatique, battent les troupes byzantines et marchent sur Constantinople ; l'empereur est sauvé grâce à la flotte vénitienne, recrutée au prix de nombreux avantages commerciaux (chrysobulle de 1082). Manquant de troupes, Byzance doit plus que jamais compter pour sa défense sur des mercenaires occidentaux, qui forment depuis longtemps l'essentiel de ses armées. L'appel à l'aide d'Alexis résulte de cette situation.

V. Les projets de "croisade" en Orient

Le plan de Grégoire VII (1074)

L'occident n'est pas indifférent à la menace musulmane en Orient. Après Mantzikert, Grégoire VII envisage de porter secours à Byzance. Il décide, en 1074, d'organiser une expédition militaire. En février, il écrit au comte de Haute-Bourgogne et à d'autres princes, les pressant d'y prendre part avec leurs guerriers. Le pape entend conduire lui-même cette armée jusqu'en Palestine, contre les Sarrasins oppresseurs des chrétiens. Il assortit sa demande de promesses spirituelles : ceux qui seront accablés lors de cette campagne militaire recevront, des apôtres Pierre et Paul, de multiples rémunérations.

En décembre 1074, il écrit à l'empereur allemand Henri IV pour lui faire part de ce projet d'expédition. Il en relate les causes, très proches de celles qui seront évoquées par Urbain II vingt ans plus tard : les Turcs ont envahi et dévasté ces contrées, souillé les Lieux saints, égorgé les chrétiens "comme du bétail", etc. Il faut donc les secourir sous peine de voir disparaître dans cette région l'Église du Christ. C'est pourquoi, écrit le pape, il a lancé un appel à tous les chrétiens pour les presser d'accepter de "donner leur vie pour leurs frères en défendant la loi du Christ". Il dit pouvoir disposer de 50 000 hommes, prêts à marcher avec lui contre les ennemis de Dieu jusqu'au Sépulcre du Seigneur. Le pape n'envisage pas seulement de fournir à Byzance une aide limitée, pour reprendre ses terres récemment perdues, mais bien d'aller en personne "remettre de l'ordre" (il le dit) dans l'Église orientale. L'opération est assortie de promesses spirituelles : le portier du Paradis garantit à ceux qui viendraient à y mourir la rémission de leurs péchés et l'accès à la patrie céleste.

On ne peut qu'être frappé par l'étroite ressemblance de ce projet avec la croisade d'Urbain II. Certes, il ne fut pas suivi d'effets : le conflit entre le pape et l'empereur Henri IV entraîna son abandon. Mais cela ne diminue en rien la portée de son intention et de son idéologie. Il s'agit bien déjà d'une campagne militaire destinée à libérer le Saint-Sépulcre, prêchée par le pape et assortie de récompenses spirituelles. Un précédent manifeste.

L'appel d'Urbain II

La demande d'Alexis

Urbain II, en 1095, reprend à son compte le projet de Grégoire VII. Pourquoi ? La situation politique ne s'est pas améliorée, bien au contraire, depuis 1075 : Antioche est tombée en 1085, les Turcs sont parvenus sur les rives de la mer Egée, et Urbain II a sans doute été ému des rapports alarmistes de pèlerins ou de réfugiés chrétiens chassés par la guerre ou victimes de déprédations diverses.

Il a aussi reçu de l'empereur Alexis un appel à l'aide lors du concile de Plaisance, en mars 1095, où semble s'être décidée la croisade. Alexis a déjà fait plusieurs fois appel à des princes d'Occident pour en obtenir l'envoi de mercenaires ; il a ainsi recruté des chevaliers flamands, frisons et anglo-saxons. Bien au fait des mentalités occidentales, Alexis a très probablement accentué le thème des exactions musulmanes contre les pèlerins, les églises et les Lieux saints, pour émouvoir et mobiliser des guerriers. Sans partager lui-même l'idéologie de guerre sainte, que l'on dit étrangère à l'Orient, il fait clairement allusion, dans une lettre à l'abbé du Mont-Cassin, aux palmes du martyre promises aux croisés tués.

Alexis ne réclame nullement l'intervention des armées d'Occident, moins encore une "croisade" au sens actuel du terme, mais la diffusion d'une demande de mercenaires destinés à protéger Constantinople et à reconquérir les territoires byzantins récemment perdus. Jérusalem, aux mains des musulmans depuis 638, est pour lui moins importante qu'Antioche, verrou de la Syrie, tombée en 1085.

Le message du pape

Urbain II, issu de famille aristocratique champenoise, connaît mieux encore la mentalité des chevaliers d'Occident. Cette connaissance va l'aider à infléchir la formulation de son message vers une intervention plus massive et d'une toute autre portée. À ses yeux, on l'a vu, le temps est venu de libérer l'Église universelle de ses entraves, en luttant à l'extérieur contre les "païens", à l'intérieur contre les hérétiques et simoniaques, comme l'avait fait Grégoire. Plus encore, en rétablissant l'union des Églises d'Orient et d'Occident, fissurée depuis 1054 par un schisme qui n'est pas encore irrémédiable.

Urbain II travaille à cette union. Bien entendu, elle ne peut prendre à ses yeux qu'une seule voie : le "retour" au bercail des églises d'Orient dans l'obédience au pontife romain. L'aide militaire à l'empereur peut favoriser un tel rapprochement. Le pape n'avait probablement pas à l'origine l'intention de créer, au-delà des terres byzantines, des États latins, comme on l'en a parfois accusé. Il est difficile de croire, cependant, qu'il n'ait pas envisagé l'entreprise comme une expédition militaire "internationale" de la chevalerie d'Occident venant, à son appel, s'adjoindre aux forces byzantines pour restituer à la chrétienté, jusqu'à Jérusalem, ces territoires, berceau du christianisme. Les thèmes abordés par le pape révèlent les traits de l'expédition ainsi conçue, à savoir : la croisade.

Le décret de Clermont

Le décret laconique du concile de Clermont résume bien l'intention d'Urbain II :

> "À quiconque aura pris le chemin de Jérusalem en vue de libérer l'Église de Dieu, pourvu que ce soit par piété et non pour gagner honneur ou argent, ce voyage lui sera compté pour toute pénitence."

Ici, comme auparavant en Espagne, l'expédition se substitue donc à toute autre peine prescrite pour la rémission des péchés confessés. La restriction énoncée montre bien que l'entreprise pouvait aussi tenter ceux qui recherchaient gloire et butin, voire conquête de domaines. Dans ce cas, elle perdrait sa valeur pénitentielle. Reste à savoir si tous les guerriers qui prirent la route de Constantinople le firent à titre de pénitence. C'est loin d'être assuré.

La libération de Jérusalem

Plusieurs historiens ont mis en doute cet objectif. Pour C. Erdmann, par exemple, il s'agissait avant tout d'un secours aux chrétiens d'Orient : Jérusalem n'aurait été qu'un motif de propagande destiné à sensibiliser les chevaliers d'Occident. C'est sûrement vrai dans la pensée d'Alexis, mais improbable dans celle d'Urbain II à Clermont et impossible par la suite : dans ses lettres comme dans ses sermons, la délivrance de Jérusalem est clairement désignée comme but - et pas seulement comme terme - de l'expédition projetée.

Libérer Jérusalem et le Saint-Sépulcre signifie bien entendu rétablir par la force des armes l'autorité des chrétiens sur ces territoires. Il s'agit d'une double libération : celle des terres et des lieux de culte, mais aussi celle des fidèles orientaux, jugés opprimés par les Sarrasins et, en tout cas, soumis à leurs lois. Par là même, les croisés font acte d'amour fraternel, secourant au péril de leur vie leurs frères d'Orient, dont ils ignorent encore la grande diversité de tendances religieuses. Pour l'heure, l'emporte dans les esprits l'image d'une unique Église chrétienne soumise à un islam lui aussi unique malgré sa diversité réelle tout aussi manifeste. Il ne s'agit pas d'une guerre contre l'islam en tant que religion (d'ailleurs ignorée et assimilée au paganisme), mais contre une puissance dont on sait qu'elle domine, en Orient comme en Occident, les fidèles du Christ et occupe indûment les Lieux saints. Les arracher à leur domination est donc perçu comme une action pieuse qui, de plus, accomplit le plan de Dieu.

Un pèlerinage armé ?

Du même coup, par sa destination même, l'expédition militaire devient *aussi* un pèlerinage. Certes, jadis, les pèlerins devaient être sans armes. Mais depuis le IXe siècle (Nicolas Ier), l'usage des armes contre les païens leur est permis. On voit alors apparaître, surtout après 1050, des pèlerinages armés. La croisade en est un, et bien davantage. Du même coup, les privilèges et récompenses spirituelles attachés au pèlerinage au Sépulcre sont aussi accordés aux "croisés", si du moins ils entreprennent le voyage dans les dispositions d'esprit que rappelle le décret de Clermont.

Ce n'est pas à dire que le pape envisageait de faire escorter les pèlerins par des guerriers, comme on le dit parfois : il s'adresse aux chevaliers et prépare une expédition de reconquête jusqu'à Jérusalem. Il fait donc tout pour décourager le départ des clercs et des moines, des femmes, des pauvres et des malades.

Mais le prestige de Jérusalem est tel qu'il ne peut totalement interdire le départ des laïcs. Nombreux sont donc, contre son souhait, les non-combattants, hommes et femmes, qui partent pour Jérusalem. C'est plus vrai encore des populations qui n'ont pas entendu les sermons du pape (qui fait en Gaule du Sud et en Italie une vaste tournée de propagande), mais ceux de prédicateurs inspirés, parfois fanatiques, dont le message est mal connu. Le pape s'efforce aussi d'en dissuader les guerriers espagnols, preuve qu'à ses yeux l'entreprise n'est pas essentiellement un pèlerinage, mais une expédition militaire. Il accorde d'ailleurs aux combattants dans les deux zones les mêmes privilèges spirituels. Les Espagnols, eux, ne devaient pas partager son point de vue : à leurs yeux, la sacralité de l'entreprise orientale était bien supérieure, à cause, précisément, de Jérusalem, infiniment plus mobilisateur.

La croisade comme moyen de salut
L'expédition d'Orient est donc sacralisée, bien plus que la Reconquista espagnole. Sa destination en fait un pèlerinage, et conduit tout naturellement à attribuer aux croisés les mêmes privilèges spirituels qu'aux pèlerins envoyés au Sépulcre en pénitence pour les péchés les plus graves, comme l'homicide par exemple. On comprend donc qu'elle puisse se substituer, comme le dit le canon de Clermont, à toute autre forme de pénitence prescrite. On ne peut pas parler ici d'indulgence plénière, car le concept d'indulgence n'existe pas encore. Mieux vaut dire "pénitence pleinement satisfactoire".

Pourtant, si c'est bien la destination (Jérusalem) qui a facilité cette équivalence, le glissement n'en est pas moins réél : dans l'acte méritoire, l'accent est mis cette fois sur le combat, sur la délivrance (bien plus que sur la visite) des Lieux saints. Dans une lettre du 7 octobre 1096, Urbain II interdit aux moines de Vallombreuse de "se joindre aux *milites* qui vont à Jérusalem pour libérer la chrétienté" ; seuls les guerriers, écrit-il, sont appelés à aller en Orient "réprimer la férocité des Sarrasins et restaurer l'ancienne liberté des chrétiens".

C'est ainsi que l'ont compris les croisés. L'entreprise est satisfactoire ; elle est prescrite "pour la rémission des péchés", comme le disent à la fois le pape dans ses lettres (aux Flamands par exemple) et les croisés dans les chartes que les moines rédigent pour eux à leur départ. Pour tous les guerriers qui se croisent, pénitents ou non, elle est aussi une guerre sainte qui mérite comme telle récompenses spirituelles.

Urbain II réalise ainsi la parfaite synthèse du pèlerinage et de la guerre sainte qui, seule, caractérise la croisade et entraîne les privilèges et les rites qui s'y attachent.

Les thèmes de propagande
Sur ces thèmes majeurs viennent se greffer d'autres motifs de propagande, incitant au départ.

Les sermons, par exemple, y compris celui du pape à Clermont, dramatisent la situation des chrétiens opprimés, évoquent (comme l'avait fait Grégoire VII) les chrétiens massacrés "comme du bétail", les pèlerins molestés, les églises et les Lieux saints profanés, souillés, transformés en étables ou (pis encore !) en mosquées. Ces méfaits méritent châtiment. Ils ne sont pas totalement imaginaires, mais leur exagération, mobilisatrice, pousse à l'action libératoire et vengeresse.

Libérer le Sépulcre, pour les chevaliers, c'est purifier ce saint lieu, centre de pèlerinage, mais aussi rétablir par les armes le droit du Seigneur-Christ sur son héritage, sa terre, dont les siens ont été chassés. Ce service armé est une réponse de la foi mais aussi de la fidélité vassalique et s'assimile à la faide, vengeance d'honneur.

L'évocation de l'idolâtrie sarrasine, assimilant l'islam au paganisme, sert aussi de propagande. L'ignorance de l'islam n'explique pas tout. Diaboliser l'adversaire est, là encore, un procédé classique, utilisé bien avant la croisade. Il transforme l'opération en conflit cosmique : Dieu et les chrétiens contre le diable et ses suppôts.

Cette diabolisation permet aussi à certains prédicateurs (et peut-être aussi au pape, si l'on en croit Guibert de Nogent) de relier la croisade au combat qui, à la fin des temps, doit opposer près de Jérusalem le Christ et ses fidèles à l'Antichrist et ses séides.

Conclusion

L'appel d'Urbain II rencontre un succès considérable. Bien plus que le projet de Grégoire VII, il est vrai avorté. Deux raisons essentielles expliquent cette différence.

La première est le lien explicite formulé par Urbain II entre le pèlerinage pénitentiel et la croisade. Avant lui, les expéditions guerrières étaient souvent suggérées en termes vagues, "en rémission des péchés", par exemple. L'assimilation, cette fois, est totale. Elle s'impose par la destination même de l'expédition, le Saint-Sépulcre.

La seconde est le changement de patronage : Grégoire s'adressait aux fidèles du Saint-Siège et promettait, au nom de saint Pierre, les récompenses spirituelles déjà mentionnées. Urbain, lui, élargit la "clientèle" et hausse le niveau du patronage : il parle au nom du Christ. Les croisés ne sont plus les guerriers du pape *(milites sancti Petri)*, mais du Christ lui-même *(milites Christi)*. La sacralisation de l'entreprise y gagne, comme les récompenses spirituelles qui y sont attachées.

Le charisme d'Urbain II et des prédicateurs, les signes célestes et le climat surnaturel, l'attrait et le prestige de Jérusalem font le reste et assurent le succès de l'appel.

DEUXIÈME PARTIE

LES RÉALISATIONS

Introduction

L'APPEL D'URBAIN II ouvre l'ère des croisades. On nomme généralement ainsi les grands passages qui, à l'appel des papes, mènent vers l'Orient un très grand nombre de chrétiens ayant fait vœu d'aller combattre pour un temps les musulmans en Orient afin de reconquérir (ou de protéger) les Lieux saints. L'historiographie traditionnelle, de manière quelque peu arbitraire, discerne ainsi huit "croisades". Par commodité, j'adopte à mon tour cette classification, tout en soulignant ce qui suit :

1. Ces huit "croisades" n'épuisent pas le sujet. Il y eut, en dehors de celles-ci, quelques grandes expéditions qui mériteraient d'être comptabilisées.

2. Inversement, certaines croisades "officielles" (la quatrième par exemple, ou celle de Frédéric II) font l'objet de débats : faut-il ou non les compter parmi les huit croisades ?

3. Entre ces grandes expéditions il y eut, de manière presque continue, un nombre considérable de chrétiens qui, en petits groupes, allèrent en Orient pour y combattre aux côtés des chrétiens restés sur place. Ce ne sont pas des croisades, mais ils sont des croisés.

4. Très tôt, les papes ont cherché à institutionnaliser la croisade, insistant sur certains traits : la prédication du pape, les privilèges et la protection accordés aux croisés, les indulgences et récompenses spirituelles qu'ils lui attachaient. Ils ont très tôt fait glisser ces privilèges sur des entreprises contre les hérétiques ou présumés tels (Albigeois et Cathares), les "païens" des confins de la Baltique, ou même les adversaires politiques du Saint-Siège, taxés pour l'occasion de schismatiques. Cette attribution en fait à la rigueur des guerres "saintes", comme on l'a vu de la Reconquista espagnole, mais pas des croisades, car elles ne sont en rien liées au Sépulcre de Jérusalem. Je reviendrai dans un chapitre final sur ces projets, déviations et dénaturations de la croisade, fort instructives au demeurant.

I. La première croisade (1096-1101)

Pierre l'Ermite et sa croisade

Les premiers départs ne sont pas dus au message du pape, mais aux sermons enflammés de prédicateurs dont un seul nous est connu : Pierre l'Ermite. Il se présente comme mandaté directement par Dieu. Lors d'un précédent pèlerinage, il aurait été scandalisé par l'état des Lieux saints et par la domination musulmane sur les chrétiens de Jérusalem. Alors qu'il priait au Sépulcre, le Christ lui serait apparu pour lui confier une mission : rentrer en Occident pour y prêcher la libération des Lieux saints et des chrétiens d'Orient. Muni d'une lettre du patriarche grec de Jérusalem, il en aurait informé le pape à son passage par l'Italie. Cette tradition fait de Pierre l'Ermite l'initiateur de la croisade, et de son entreprise une mission divine.

On ignore dans quelle mesure cette tradition est fiable, mais on sait que Pierre parcourt le Berry (décembre 1095), puis l'Orléanais, le Chartrain, la Normandie, le Beauvaisis, la Picardie, la Champagne, la vallée de la Moselle et enfin la Rhénanie. Autre certitude : ce personnage étrange et charismatique exerce sur les foules une véritable fascination. Guibert de Nogent en témoigne : les gens le vénéraient bien au-dessus des abbés et des évêques, car il émanait de lui quelque chose de divin, au point que l'on arrachait des poils de son mulet pour en faire des reliques !

Plus qu'aucune autre, sa prédication - et celle de ses émules - s'accompagne d'un climat de merveilleux, de manifestations surnaturelles : visions, guérisons, signes célestes, prodiges divers. Lui-même exhibait des "lettres tombées du ciel" incitant à la croisade. À son appel, des gens de tout rang, pauvres, prêtres, moines et femmes, mais aussi guerriers, seigneurs et quelques princes se mettent en route en mars 1096, bien avant la date prévue par le pape : il arrive à Constantinople le 1er août, soit 15 jours avant la date fixée par le pape pour le départ, au Puy. Doit-on en conclure une certaine indépendance de son expédition par rapport à celle du pape ?

Ce départ précoce est rationnellement inexplicable : c'est se priver des récoltes au moment où les réserves de l'hiver sont épuisées. Plus encore qu'ailleurs, les mobiles relèvent ici de l'émotionnel et de la religiosité.

Les motivations "populaires"

On ignore les thèmes évoqués par ces prédicateurs populaires. La conscience du péché et la soif de salut sont présentes chez tous les hommes de ce temps, et les arguments mentionnés plus haut répondaient aux attentes. On peut donc postuler, pour ces croisés-là comme pour les autres, un fond commun de spiritualité. La date de Pâques se prête à une dramatisation des sermons sur les thèmes déjà évoqués.

Il y a sans doute autre chose : les Annales des villes allemandes soulignent que Pierre incitait à libérer la Terre sainte qui, selon les prophéties, devait être foulée aux pieds par "les Nations" (= les païens) jusqu'à ce que leur temps soit accompli. Il voyait dans son expédition un accomplissement des prophéties. C'est plus manifeste encore chez ses émules Volkmar, Gottschalk et Emich. Récupérant à son profit des prophéties alors très répandues, Emich prétendait être le roi des derniers jours, chef des Grecs et des Latins, qui irait à Jérusalem remettre sa couronne au Christ revenu avant le combat final de l'Histoire. Or, selon ces prophéties, la fin des temps est précédée par la conversion massive des juifs.

Faits et méfaits des premiers croisés

Les massacres des juifs

La prédication de la croisade réveille un antisémitisme latent. La mentalité commune unit sous une même désignation (les "ennemis du Christ"), les juifs qui ont jadis fait arrêter Jésus, et les musulmans qui, aujourd'hui, occupent son tombeau. Certains trouvent absurde d'aller en Orient combattre les "ennemis du Christ" tout en tolérant leur existence au sein même de la chrétienté. En de nombreux endroits, à Rouen, à Metz, mais surtout en Rhénanie, leur départ s'accompagne de massacres de juifs, les plus ancien pogroms d'Occident.

Ces exactions ont parfois pour but de se procurer des fonds. Pierre l'Ermite, par exemple, obtient (on ne sait comment) une lettre des juifs de France invitant les communautés d'Allemagne à lui fournir les subsides réclamés. Il les obtient à Trèves. Par ce moyen, et par celui de collectes, Pierre se constitue un important trésor de route. Godefroy de Bouillon, lui aussi, use de ces méthodes. Affirmant qu'il allait venger sur les juifs la mort du Christ, il obtient des fonds des communautés de Cologne et de Mayence. Henri IV lui interdit toute action contre les juifs, mais Godefroy n'en conserve pas moins les fonds.

Les pogroms rhénans accomplis par les croisés au printemps 1096 à Cologne, Spire, Worms, Mayence, semblent d'une autre nature. Leur but est l'éradication du judaïsme, par la conversion ou par l'extermination. Extorsion de fonds et pillage sont le fait des autochtones plus que des croisés. Pour éviter le baptême forcé, de nombreux juifs préfèrent immoler leur famille et se suicider, au grand désappointement des croisés : leur but premier n'était ni le massacre ni le pillage, mais la conversion des juifs, dans la perspective eschatologique déjà mentionnée.

<u>La marche vers Constantinople</u>

Gautier Sans Avoir, seigneur de Poissy, conduit l'avant-garde des armées de Pierre. Il suit la vallée du Rhin, puis du Danube. Fin juillet, prenant de court Alexis - qui n'attend aucun croisé avant la fin de l'année -, il parvient sans troubles à Constantinople, à l'exception d'un pillage près de Belgrade et d'une escarmouche à Semlin.

Pierre l'Ermite a plus de mal à contenir ses troupes parfois indisciplinées. En l'absence d'intendance, toutes les armées de ce temps, hommes et chevaux, vivent sur les ressources des pays traversés, achetant ces denrées au prix fort, particulièrement à l'époque choisie par Pierre, avant les moissons. Il en résulte ventes forcées et pillages entraînant des conflits, parfois des affrontements armés. Pierre y perd son trésor. C'est le cas à Semlin, où il décide de venger seize croisés de Gautier, dépouillés quelques jours auparavant par les habitants. Ses gens perdent là une centaine d'hommes et tuent de nombreux Hongrois. Ils s'emparent de la ville qui regorgeait de provisions et y restent cinq jours. Dans l'ensemble, pourtant, la marche reste assez pacifique. Pierre parvient sans trop de pertes à Constantinople, le 1er août 1096.

Il n'en va pas de même des armées plus fanatisées de ses émules. En avril 1096, le prêtre Volkmar part de Rhénanie à la tête, dit-on, de 12 000 hommes, passe par la Saxe et la Bohème. Il se livre à des violences contre les juifs à Prague, puis à Nitra ; il est alors attaqué par les armées hongroises du roi Coloman qui massacrent la plupart de ses troupes et dispersent les survivants.

Un autre prêtre rhénan, Gottschalk, auditeur de Pierre l'Ermite, rassemble une troupe de plusieurs milliers d'hommes. II suivent, après Pierre, la route du Rhin et du Neckar, se livrant au passage à des pogroms. En Hongrie, ils pillent et enlevent du bétail, tuant ceux qui leur résistent. Les armées hongroises les anéantissent.

Les troupes d'Emich, enfin, que les sources hébraïques nomment "l'ennemi de tous les juifs", font plus de victimes encore. Albert d'Aix et Ekkehard d'Aura, les chroniqueurs les mieux informés de ces faits,

29

voient dans leurs exactions la raison de leur extermination par les Hongrois, à Wieselburg (août 1096). Sur le point de l'emporter, ils se mettent à fuir sans raison apparente, poursuivis par les Hongrois qui les taillent en pièces. Seuls quelques-uns peuvent s'échapper : Emich rentre chez lui, d'autres rejoignent Pierre à Constantinople.

Pierre l'Ermite et l'empereur

Pierre est bien accueilli par Alexis. Dès le 2 août, il le reçoit en audience, reconstitue son trésor perdu et s'engage à assurer le ravitaillement de ses gens. Selon les chroniqueurs français (dont aucun, notons-le, n'était encore parti d'Occident à ce moment), les gens de Pierre auraient commencé à piller les maisons et les églises de la ville ; Alexis les aurait alors obligés à passer le Bosphore pour camper sur l'autre rive, en Asie Mineure. Cette version est douteuse : ces chroniqueurs ont sans doute attribué aux gens de Pierre des exactions dont les troupes des princes sont responsables, en particulier celles de Godefroy de Bouillon. Il y eut en effet, on le sait, de violents affrontements entre les troupes d'Alexis et celles des princes, suite aux pillages de leurs gens. Selon les sources les mieux informées (Albert d'Aix et Anne Comnène), Alexis fait traverser les troupes de Pierre à la demande de celui-ci, sans aucune contrainte, lui promettant d'assurer le ravitaillement de ses troupes.

Le massacre de Civetot

Mais l'attente se prolonge, le prix des denrées monte, et l'inaction pèse : Pierre a du mal à contrôler ses gens. Un petit contingent s'aventure, malgré les avertissements d'Alexis, en direction de Nicée ; il en rapporte butin et troupeaux. Pierre les admoneste en vain : ce succès suscite des émules. Un groupe d'Allemands s'empare d'une forteresse, non loin de Nicée, et s'y installe pour piller les environs. Les Turcs de Kilij Arslan les attaquent, les massacrent et emmènent deux cents prisonniers.

La nouvelle de cette première défaite parvient au camp en l'absence de Pierre. Il est à Constantinople, cherchant à obtenir de l'empereur un meilleur prix des vivres. Son absence accroît les divisions. Les plus ardents veulent venger leurs morts. Gautier Sans Avoir tente en vain de les en dissuader : il est taxé de couardise. Devant l'insulte, les chefs organisent l'expédition demandée, ne laissant dans le camp, à Civetot, que les non-combattants. Ils sont taillés en pièces par les Turcs qui trouvent le camp, y massacrent prêtres, vieillards et enfants, puis emmènent en esclavage les femmes et les jeunes gens. À la demande de Pierre,

Alexis monte alors une opération de secours qui parvient à sauver quelques survivants et les ramène à Constantinople.

Ces faits, relatés selon les sources les plus fiables, ont été par la suite déformés par les chroniqueurs "français", en particulier par l'Anonyme à la solde de Bohémond, dans un sens très hostile à l'empereur. Pierre y est accusé d'incapacité et de pleutrerie, Alexis de trahison et de duplicité : en obligeant les gens de Pierre à passer en Asie Mineure, il les aurait sciemment livrés aux Turcs et se serait réjoui de leur perte, désarmant les rescapés pour les réduire à l'impuissance. Il s'agit là d'une propagande qui dénature la réalité.

Conclusion

La première vague de croisés vient mourir là, fin octobre 1096, à quelques lieues de Constantinople. À cette date, les barons n'ont pas encore quitté l'Occident.

Cette toute première croisade est plus populaire, plus spontanée que celle des princes, mais ce n'est pas, comme on le disait jadis, une "croisade de paysans", acéphale, anarchique : elle a ses chefs, des guerriers parfois renommés, que l'on retrouvera dans la "croisade des barons". Leur mentalité n'est sans doute pas très différente de celle des autres croisés ; les armées des princes, un peu mieux disciplinées, sont elles aussi encombrées de piétons et de non-combattants dont les chroniqueurs, au service des princes, parlent peu. L'origine prétendue divine et non pontificale de cette expédition, son caractère populaire et subversif, les exactions commises par ses premiers contingents, et plus encore la déroute subie et la non-réalisation de leur attente apocalyptique ont très certainement conduit les chroniqueurs à la mépriser et à dénigrer ses participants. Plusieurs voient dans leur massacre par les Turcs un "jugement de Dieu" résultant de leurs péchés. La croisade des barons, maîtres ou "patrons" des chroniqueurs, fait au contraire l'objet de leurs louanges.

La croisade des barons

Les armées et leurs parcours

La plupart des croisés d'Occident se regroupent en armées dirigées par quelques princes. Les rois de France, d'Allemagne et d'Angleterre n'en font pas partie : ils sont excommuniés. Le roi de France a délégué son frère, Hugues de Vermandois. Il part vers le 15 août ; non sans vanité, il écrit à Alexis de lui préparer un accueil "digne de son rang". Il s'embarque à Bari pour Durazzo, afin de gagner Constantinople par l'antique *Via Egnatia*, mais ses navires sont dispersés par la tempête. Il est recueilli par Alexis, en hôte surveillé.

Godefroy de Bouillon, duc de Basse-Lorraine, arrive en second. Il a suivi la route de Pierre l'Ermite. Pour la durée de la traversée de la Hongrie, commotionnée par les premiers passages, il a dû livrer en otage son frère Baudouin de Boulogne. À Constantinople, il campe sous les murs de la ville ; des frictions ont lieu entre ses gens et ceux d'Alexis, accusé d'avoir capturé Hugues. Elles s'accroissent quand Alexis réclame de lui un serment de type vassalique. La tension monte : Alexis coupe les vivres, Godefroy répond par le pillage. À Noël, une trêve est proclamée. Elle ne dure pas : pillages et rixes reprennent ; on en vient à l'affrontement armé. Enfin, le 20 janvier 1097, Godefroy cède et prête hommage à Alexis, qui fait alors passer ses troupes sur l'autre rive.

Bohémond de Tarente arrive ensuite, en avril. Ennemi déclaré d'Alexis, il se croise brusquement, "mû par le Saint-Esprit", disent les textes, à l'approche des croisés normands de Robert. La piété n'est sans doute pas seule en cause : Bohémond est vaillant, rusé, ambitieux et frustré : son père Robert Guiscard, remarié, l'a déshérité au profit de son demi-frère, Roger Borsa. Il aspire à une principauté au détriment de l'empereur, qu'il a déjà vaincu douze ans plus tôt. Fin connaisseur des mentalités et des méthodes des Grecs et des musulmans, il se sait indispensable. Pour apaiser la méfiance de l'empereur, Bohémond se garde de tout pillage. Il est reçu par Alexis le 10 avril. Selon Anne Comnène, Bohémond lui aurait demandé, pour prix de son service armé, la fonction élevée de "Grand Domestique d'Orient" et un vaste territoire au-delà d'Antioche. Alexis n'aurait pas répondu à cette demande. Pourtant, Bohémond lui prête hommage. Son neveu, Tancrède, s'y refuse. De nombreux croisés sont, comme lui, scandalisés par cet hommage de leurs chefs à cet empereur des Grecs réputés fourbes et efféminés, qui les méprisent en retour comme barbares, grossiers, cupides et versatiles.

Raymond de Saint-Gilles, comte de Toulouse, est l'un des plus puissants princes croisés. Il a alors 55 ans, possède une douzaine de comtés et a peut-être participé à la Reconquista espagnole. Dès avant Clermont, le pape voit en lui le chef militaire de la croisade, dont l'évêque du Puy, Adémar, serait le chef spirituel. Laissant à son fils la direction de ses domaines, Raymond part à l'automne avec Adémar, par l'Italie du nord et l'inhospitalière côte dalmate. Parvenu dans l'empire, il est escorté et surveillé par les troupes byzantines ; des frictions ont lieu à cause de l'approvisionnement. Adémar, qui s'est un peu écarté de la route, est dépouillé et molesté. Pour l'amadouer, Alexis comble de présents Raymond et l'invite au palais. Mais Raymond refuse tout net de prêter hommage. Il n'est pas venu, dit-il, pour reconnaître un autre seigneur que Celui pour lequel il a quitté sa patrie et ses biens. La rupture semble inévitable, et des échauffourées ont déjà commencé entre Grecs et Provençaux, lorsque les autres princes pressent Raymond et Alexis d'accepter un compromis : fin avril, Raymond jure seulement de n'attenter en rien à la vie ni à l'honneur d'Alexis. C'est bien le moins !

Les derniers princes, Robert de Normandie, Robert de Flandre et Étienne de Blois ont quitté leurs terres à l'automne 1096. Passant par Rome, Bari et la Via Egnatia, ils arrivent à Constantinople en avril-mai 1097 ; ils ne font aucune difficulté à prêter hommage à l'empereur. Étienne de Blois, dans ses lettres à sa femme Adèle, ne tarit pas d'éloges envers ce fastueux ami.

Alexis, à cette date, sait depuis plus d'un an que les croisés ne viennent pas en mercenaires. Son but demeure : utiliser ces armées constituées au profit de l'empire. Il s'engage à assurer leur ravitaillement, mais exige des chefs un serment vassalique et l'engagement de lui remettre toutes les cités grecques reconquises. Les Occidentaux, on l'a vu, y répugnent, et veulent au moins qu'Alexis se mette à leur tête avec ses armées. Alexis refuse : il doit gouverner l'empire et pacifier les terres reprises. Il consent seulement à déléguer un contingent dirigé par Tatikios. Cette attitude irrite les croisés, déjà hostiles aux Grecs. Ces malentendus pèseront lourd par la suite.

De Constantinople à Antioche
Nicée

Les croisés prennent alors la route et investissent Nicée. Kilij Arslan y a laissé sa femme, pour aller mater une révolte de l'émir Danishmend. Il revient alors que le siège est mis, et ne peut dégager sa ville. Protégée par un lac, elle est assaillie par les croisés du côté terre, par les Grecs du côté lac : par voie de terre, ils traînent des bateaux, depuis la côte. À leur vue, les assiégés se rendent aux Grecs, le 19 juin, avant l'assaut des croisés. Privés du butin escompté, ceux-ci gardent rancune à l'empereur, accusé de collusion avec les Turcs. Le dédommagement offert (quelques pièces d'or, d'argent ou de bronze selon le rang de chacun) ne les calme pas. Les chroniqueurs soulignent tous la déception et la rancœur des croisés à Nicée.

Dorylée

Reprenant leur marche, les croisés se scindent en deux groupes. L'un d'eux, commandé par Bohémond, tombe le 1er juillet dans une embuscade tendue par les troupes de Kilij Arslan et de Danishmend, réconciliés pour l'occasion. Bohémond résiste pendant deux heures, attendant le secours de l'autre corps d'armée, prévenu. Celui-ci arrive enfin, et le combat fait rage. À la charge massive des chevaliers d'Occident, les Turcs répondent par une tactique déroutante (cf. p. 79). Les chrétiens mettront longtemps à s'habituer à leurs méthodes. Ils sont pourtant victorieux, au prix de pertes sévères.

Édesse

Après Dorylée, les Turcs évitent l'affrontement : ils se replient, pratiquant la tactique de la terre brûlée. La traversée de l'Asie Mineure est funeste pour les croisés et leurs chevaux, qui meurent de faim et de soif. Privés de montures, plusieurs jettent leurs haubergs et leurs armes. D'autres renoncent.

Des rivalités opposent déjà les croisés pour la possession des cités conquises. Tancrède et Baudouin s'écartent du gros de l'armée pour conquérir la Cilicie, avec l'aide de la population arménienne. Tancrède s'empare ainsi de Tarse et Adana, mais doit céder la place à Baudouin, dont l'armée est plus forte. En février, Baudouin apprend qu'à Édesse, le vieux roi arménien Thoros veut faire de lui son héritier. Il s'y rend et est adopté. Une "providentielle" révolte des habitants d'Édesse tue alors Thoros et porte Baudouin sur le trône, en mars 1098. Depuis longtemps déjà, on ne songe plus guère à rendre à Alexis les villes conquises, mais Édesse est le premier "État croisé". Godefroy, frère de Baudouin, profite des richesses de ce pays prospère pour accroître son influence dans l'armée. Raymond de Saint-Gilles et Bohémond, eux, convoitent Antioche.

Le siège d'Antioche

Située entre le mont Silpius et l'Oronte, Antioche est entourée d'une énorme muraille, flanquée, dit-on, de quatre cents tours, et dominée par une citadelle. L'investir totalement est impossible, à cause du fleuve et des montagnes. Le blocus, commencé fin octobre, n'est jamais total et les assiégés font de fréquentes sorties contre le camp des chrétiens, mal ravitaillés, pataugeant dans la boue, souffrant bientôt de famine et de maladies, en particulier de dysenterie. Pour trouver vivres et fourrage, il mènent des expéditions de plus en plus lointaines et périlleuses. L'une d'elles, le 23 décembre, menée par Bohémond et Robert de Flandre, tombe à son retour dans une embuscade, perd de nombreux hommes et tout son butin. Pendant ce temps, les assiégés ont fait une sortie et tué de nombreux croisés.

La famine s'amplifie. Les chefs, malades tour à tour, se retirent parfois à l'écart, près de la côte, au climat plus sain. Le découragement gagne, certains s'enfuient, tels Guillaume le Charpentier et, si l'on en croit les sources françaises, Pierre l'Ermite. Ils sont rattrapés par Tancrède et ramenés au camp (Guillaume le Charpentier s'enfuira à nouveau plus tard). La fuite de Pierre l'Ermite, je crois l'avoir démontré ailleurs, est peu probable : pour des raisons politiques, l'Anonyme normand, suivi par plusieurs autres sources, a préféré taire le nom du vrai fugitif, Gui le Rouge, personnage important, et le remplacer par Pierre. Bohémond, qui a épousé Constance, fille du roi Philippe Ier, lors de sa tournée en France en 1106, ne pouvait mettre en cause Gui le Rouge, sénéchal de France depuis 1104, qui avait réussi à faire épouser sa fille par le roi (le mariage sera invalidé en 1107).

Le découragement s'accroît quand on apprend que l'atabeg de Mossoul, Karbuqa, approche avec une énorme armée, après avoir en vain perdu trois semaines à assiéger Édesse. Entre-temps, Bohémond a pris contact avec un Arménien, gardien d'une tour, qui lui a promis de lui livrer Antioche. Bohémond, qui veut se l'approprier, réussit à obtenir des autres chefs qu'ils reconnaîtront la propriété de la ville à celui qui saura s'en emparer. Dégoûté par ces tractations et par les accusations de traîtrise de Bohémond, Tatikios et son contingent grec se retirent, levant les derniers scrupules des croisés. Avant l'aube, des gens de Bohémond escaladent les remparts par une échelle, se ruent dans la ville endormie et ouvrent les portes à leurs compagnons. Les Turcs qui échappent à la tuerie se réfugient dans la citadelle. Yâghi Siyân, maître d'Antioche, s'enfuit : il est reconnu et tué par des paysans syriens des alentours. Antioche est prise (3 juin 1098). Il était temps : le lendemain, les troupes de Karbuqa investissent à leur tour la ville ; les assiégeants sont devenus assiégés. Le siège a duré sept mois, et causé des pertes innombrables, par les combats mais plus encore par les défections, les maladies et la famine.

Antioche assiégée : visions et miracles
Étienne de Blois, malade, s'était retiré sur la côte. Revenant vers Antioche, il aperçoit les bannières turques de la citadelle et les armées de Karbuqa assiégeant la ville. Il estime que tout est perdu, décide de rentrer chez lui, avec son armée, et rencontre en chemin Alexis prêt à marcher vers Antioche. Il l'en dissuade : c'est trop tard, et inutile. Les croisés sont désormais seuls, en situation désespérée.

Le 9 juin, Karbuqa lance l'assaut ; il est repoussé, mais cause de nombreuses pertes chez les chrétiens. La nuit suivante, désespérés, de nombreux fugitifs se laissent glisser des murailles par des cordes (on les nomme pour cela *les funambules*) et rejoignent Étienne.

C'est alors qu'intervient le surnaturel. Des visions promettent aux croisés la délivrance, s'ils sont fidèles. Un "pauvre" de l'armée de Raymond, Pierre Barthélemy, affirme avoir reçu, avant la prise de la ville, plusieurs visions de saint André, puis de saint Pierre et du Christ lui-même. Un autre, Étienne, abonde dans le même sens. Adémar a des doutes, mais Barthélemy insiste. Les saints lui ont donné un signe de la véracité de ses dires : que l'on creuse au lieu indiqué le sol de la cathédrale Saint-Pierre, et l'on trouvera la Sainte Lance, le fer qui a percé le flanc du Christ en croix. On creuse, le 14 juin 1098, et l'on trouve en effet, à grande profondeur, un fer de lance.

L'espoir renaît. Dieu va donc les sauver. Mais comment ? Les chefs croisés envoient à Karbuqa une ambassade : ils offrent, s'il se convertit, de devenir ses vassaux. Dans le cas contraire, ils proposent un combat en nombre égal et limité, seul capable à leurs yeux d'être victorieux, car les croisés, affaiblis, ont moins de 1 000 chevaux. Ils confient à Pierre l'Ermite cette ambassade délicate : choix étonnant, si Pierre est un fugitif repris depuis peu !

Victoire et déceptions
Karbuqa refuse : il veut une bataille rangée, armée contre armée. Il faut s'y résoudre. Elle a lieu le 28 juin. La supériorité des musulmans est écrasante. Pourtant, leurs armées s'enfuient, et les croisés remportent la victoire. Les chroniqueurs musulmans l'attribuent à la trahison des alliés de Karbuqa, déçus de son attitude devant Édesse et de sa suffisance. Les chrétiens y voient la réalisation de la promesse divine : plusieurs chroniqueurs affirment avoir vu combattre avec eux les saints militaires, Georges, Demetrius, Mercure, à la tête des armées célestes et de leurs compagnons croisés morts auparavant et admis parmi les saints.

La victoire est totale, mais les pertes sont lourdes, et la maladie frappe encore : peste, dysenterie, choléra. Adémar en meurt le 1er août. Bohémond et les chefs écrivent alors à Urbain II de venir en personne à Antioche pour achever "sa guerre" : ils ont vaincu les musulmans, mais il reste à réduire les hérétiques, ces chrétiens dissidents qu'ils découvrent. Urbain II ne donne pas suite à cette demande. Il convoque bien à Bari, en octobre 1098, un concile pour soutenir la croisade, mais meurt le 29 juillet 1099, sans connaître le succès final de l'expédition.

Les croisés, quant à eux, décident de retarder leur départ, prétextant les chaleurs de l'été. En fait, ils sont divisés à propos d'Antioche, que tient Bohémond, et que convoite Raymond de Saint-Gilles, soit pour lui-même, soit pour la remettre (c'est sa thèse) à l'empereur. On évite de peu l'affrontement. D'autres chefs de moindre rang, comme Raymond Pilet, font dans les environs razzias et conquêtes. Certains s'installent. Le petit peuple gronde : il veut reprendre le chemin de Jérusalem. Mais le princes s'obstinent à assiéger Ma'arat, dont ils s'emparent enfin le 12 décembre. La famine fait rage : les "tafurs" (pauvres rescapés, peut-être, des premiers contingents) se livrent à l'anthropophagie, terrorisant ainsi les musulmans.

Les visions reprennent aussi. On les met en doute si elles semblent favoriser un clan. Les Normands, par exemple, contestent après coup la vision relative à la Sainte Lance. Pierre Barthélemy offre une ordalie : le Vendredi saint, il passe entre deux hautes rangées de fagots enflammés, mais meurt huit jours après, de ses brûlures, selon les uns, étouffé et blessé par ses partisans trop enthousiastes selon les autres. Les croisés de base, lassés des atermoiements des princes, en viennent à démolir les murailles de Ma'arat (5 janvier 1099). Raymond de Saint-Gilles, jusqu'ici le plus réticent à partir, prend alors la tête de l'expédition, tandis que Bohémond reste à Antioche.

Jérusalem

La marche vers Jérusalem est plus aisée que prévue : les princes turcs d'Alep et de Damas sont en conflit, et les villes préfèrent traiter, voire coopérer, fournissant vivres et chevaux. Le prince arabe de Tripoli est hostile aux Turcs et offre son aide. Les Fatimides d'Égypte, qui avaient déjà proposé une alliance aux croisés, leur offrant la possession de la Syrie du nord, ont repris entre-temps Jérusalem aux Turcs. La reprise de la marche des croisés leur fait comprendre que c'est bien Jérusalem qui est visée. Ils s'apprêtent à la défendre.

Les croisés s'en approchent début juin. Tancrède, s'estimant mal payé par Raymond, est passé au service de Godefroy. Il prend Bethléem le 6 juin. Le 7, les croisés investissent Jérusalem. Sur le conseil d'un visionnaire, ils font une procession solennelle autour de la ville, comme jadis les hébreux à Jéricho. Mais les murailles ne tombent pas. Les croisés, qui manquaient de bois pour les machines de siège, en reçoivent des marins génois récemment arrivés. Des sermons sont prononcés au mont des Oliviers, et l'assaut est donné le 15 juillet, après comblement des fossés. Les hommes de Godefroy et ceux de Raymond, chacun de leur côté, prennent pied sur les murailles. Certains croisés ont vu Adémar les y précéder, incitant à l'assaut. Les croisés se ruent dans la ville, massacrent les défenseurs et une partie des habitants, en un carnage que les chroniqueurs se plaisent à accentuer : ils voient dans ce bain de sang la vengeance de Dieu et l'expriment en termes apocalyptiques.

Ascalon

La ville prise doit être gouvernée. Le clergé tente d'instaurer une sorte d'État théocratique, dirigé par un légat du pape. Les laïcs le prennent de vitesse : ils veulent un roi. Raymond de Saint-Gilles indispose les croisés par sa richesse, et on lui préfère Godefroy de Bouillon. Par piété ou par habileté, il prend seulement le titre d'Avoué du Saint-Sépulcre (22 juillet 1099).

Il faut défendre ce nouvel État : une armée égyptienne est déjà annoncée. Godefroy confie à Pierre l'Ermite, encore lui, la direction du clergé (grec et latin) pour organiser à Jérusalem processions et prières propitiatoires. Pendant ce temps, les croisés se portent au-devant des musulmans et les mettent en déroute, le 11 août 1099.

Après quoi, déçus peut-être de ne pas constater le retour du Christ, ils prennent le chemin du retour. Décidément, l'Histoire humaine continue. Ils rentrent plus pauvres qu'au départ, mais riches d'émotions, de souvenirs et de reliques. Peu d'entre eux demeurent en Orient pour défendre ces États latins, encerclés par les musulmans, isolés dès lors que la possession d'Antioche par Bohémond indispose fortement Alexis et accentue la rupture des croisés avec l'Empire byzantin.

La croisade de secours de 1101

Au concile de Bari, Urbain II a secoué les retardataires. Pascal II accentue sa pression : il excommunie ceux qui, très nombreux, ne sont pas partis, ou sont rentrés avant d'avoir accompli leur vœu. Étienne et Hugues (envoyé en ambassade d'Antioche à Constantinople), sont de ceux-là, tout comme le "funambule" Gui Trousseau, neveu de Gui le Rouge. Une prédication de croisade s'organise en Lombardie, en Provence, en Aquitaine, en Allemagne.

Une grande armée de secours prend la route, conduite par le légat du pape, Hugues de Die. Elle compte de hauts princes : le duc Guillaume d'Aquitaine (le prince-troubadour), les comtes Guillaume de Nevers et Eudes de Bourgogne, le vicomte Harpin de Bourges, le duc Welf de Bavière, etc. Les Lombards, partis les premiers, campent autour de Constantinople en attendant les Français et les Allemands. Comme auparavant, des désordres ont lieu : Alexis leur refuse les vivres, les croisés répliquent par des pillages, et saccagent même le palais des Blachernes. Passés sur l'autre rive, ils sont rejoints par les premiers contingents des Allemands et des Français. Ils rejettent les conseils avisés de Raymond de Saint-Gilles et d'Étienne de Blois, et s'enfoncent en Anatolie du nord pour délivrer Bohémond, prisonnier des Danishmendites. Encerclés par les Turcs, ils subissent un désastre.

En juin 1101, l'armée de Guillaume de Nevers et de Guillaume d'Aquitaine traverse à son tour le Bosphore, tente de rejoindre les Lombards, n'y parvient pas et descend alors vers Iconium (Konya), plus au sud. Elle ne parvient pas à prendre la ville et se replie vers Héraclée ; souffrant de la soif, elle est écrasée en juillet. Les chefs échappent à grand-peine, rejoignent Raymond de Saint-Gilles en Syrie, puis gagnent Jérusalem pour accomplir leur vœu. Certains se joignent aux armées locales battues par les Égyptiens à Ramla, où Harpin de Bourges est fait prisonnier : libéré contre rançon trois ans plus tard, il inspirera une chanson de geste. Étienne de Blois, lui, y trouve la mort le 17 mai 1102.

Conclusion

La troisième vague, très "princière", échoue donc aussi radicalement que la première, très "populaire". L'une et l'autre ne sont relatées que par Albert d'Aix et Ekkehard d'Aura, qui prit part à la dernière ; elles sont ignorées ou vilipendées par les chroniqueurs, et leur déroute est attribuée aux fautes morales, aux péchés de ses participants. Seule trouve grâce auprès des chroniqueurs français la vague prêchée par Urbain II, et non par Pierre l'Ermite, trop subversif. Celle qui a réussi, et non celles qui ont échoué. La victoire, comme l'ordalie, ou le combat judiciaire, prouve à leurs yeux la justesse de la cause, la légitimité de l'appel, la sainteté du combat et la pureté des guerriers qui l'ont menée.

II. Les croisades du XIIe siècle

Les premiers croisés partaient libérer le Sépulcre. Au terme de l'expédition, ils se muaient en pèlerins. Dès 1100, les perspectives sont inversées : la Terre sainte est aux mains des Latins, et ceux qui partent pour Jérusalem sont avant tout des pèlerins, même lorsqu'ils ajoutent à leur vœu celui d'un service militaire temporaire pour défendre la Terre sainte.

Il est donc souvent difficile de différencier les croisés des pèlerins. En 1106, par exemple, des Anglais refusent tout acte guerrier avant d'avoir accompli leurs dévotions au Sépulcre, mais offrent leur service aussitôt après. De même, en 1147, Louis VII veut d'abord aller à Jérusalem avant d'entreprendre une campagne contre Édesse, pourtant but premier de la croisade qu'il mène. Dans les deux cas, ces guerriers veulent être sûrs d'accomplir leur vœu de pèlerin avant de risquer la mort dans une action guerrière, fût-elle assortie d'indulgence plénière. À l'inverse, en 1192, après la reprise de la ville par Saladin, Richard Cœur de Lion refuse d'aller en pèlerin dans cette Ville sainte qu'il n'a pas su reconquérir en croisé. Pour lui, le vœu de croisade semble l'emporter sur celui de pèlerinage. Dans la plupart des cas, pour les croisés, les deux vœux sont mêlés, et ils cherchent au moins à accomplir l'un d'eux avant de tenter l'autre.

Les papes ont pourtant très tôt accordé à la guerre entreprise à leur appel, en Terre sainte comme ailleurs, contre païens, hérétiques ou rivaux (par exemple l'antipape Anaclet) les mêmes privilèges et indulgences qu'aux pèlerins. Mais la croisade, contrairement à ce que pensent quelques historiens, n'est pas seulement définie par les indulgences émises par la papauté. L'identité des privilèges ne convainc pas totalement les contemporains : en leur for intérieur, ils continuent à distinguer le pèlerinage de la croisade, la croisade de la guerre sainte.

Les États latins à défendre

Ce sont, du nord au sud, le comté d'Édesse de Baudouin (bientôt appelé à devenir roi de Jérusalem à la mort de son frère en 1101) ; la principauté d'Antioche, tenue par Bohémond au grand dam d'Alexis ; le comté de Tripoli, pour lequel, à défaut de Jérusalem ou d'Antioche, s'est battu Raymond de Saint-Gilles, qui meurt en 1105, le léguant à son fils ; enfin, le royaume de Jérusalem, prestigieux, mais dépeuplé et menacé.

La croisade de Bohémond (1106)

Les musulmans, vaincus et divisés, restent d'abord sur la défensive. Pourtant, en 1104, la principauté d'Antioche est attaquée par les guerriers d'Alep et par les Byzantins d'Alexis. Bohémond comprend qu'il lui faut des secours de l'Occident. Il prend contact avec le pape, prêche lui-même la croisade en France soutenu par le légat Bruno de Segni et le roi Philippe Ier, son beau-père. Il obtient des effectifs importants qu'il dit clairement vouloir utiliser pour soumettre Constantinople. Il débarque à Durazzo, dévaste la région, mais ne peut prendre la place et doit traiter avec Alexis ; par le traité de Devol (septembre 1108), il se reconnaît son vassal pour Antioche, Édesse et les terres à conquérir sur le prince d'Alep. Le passage des croisés par l'empire est à nouveau ouvert. Bohémond, malade, rembarque pour l'Italie et y meurt en 1108, mais une partie de ses troupes vient grossir les effectifs du royaume de Jérusalem.

La deuxième croisade (1147)

Les origines
Jusque vers 1130, les États latins sont le plus souvent en expansion. Mais par la suite, Zengî, atabeg de Mossoul (1127-1146), s'empare du thème du *jihad* (déjà évoqué dans un traité damasquin en 1106), et le diffuse dans les prêches des mosquées et dans des écrits de propagande. Il cherche à réaliser à son profit l'unité du monde musulman en désignant l'adversaire commun, les Francs. Il s'empare d'Alep, menace Damas et Tripoli, exploite les rivalités des princes francs à propos d'Édesse ; il assiège cette ville et la prend le 24 décembre 1144,

massacre ses habitants et détruit les églises latines, mais non les orientales. La prise d'Édesse inquiète les États latins qui se tournent vers l'Occident pour obtenir des secours.

La prédication

L'émotion causée par la chute d'Édesse est vive, mais sans doute moins qu'on ne l'a cru. Le succès populaire de la deuxième croisade est long à venir, malgré l'octroi par le pape d'une indulgence plénière caractérisée. Il y faut tout l'engagement d'Eugène III et de Bernard de Clairvaux.

Par la bulle *Quantum predecessores* (1er décembre 1145), Eugène III octroie l'indulgence de croisade à ceux qui iraient secourir l'Église d'Orient. Il modifie cette bulle le 1er mars 1146 en la rapprochant de l'appel d'Urbain II, souligne que la prise d'Édesse doit être imputée aux péchés de tous les chrétiens et les appelle à combattre les ennemis du Christ. Il explicite les privilèges des croisés : indulgence, suspension des procès en cours contre eux, moratoire sur les intérêts de leurs dettes, protection de l'Église sur leur personne et leurs biens. Comme Urbain II, il s'adresse aux guerriers, mais surtout aux nobles, aux princes et aux rois.

Saint Bernard, Eugène III et la croisade

L'intervention de saint Bernard, au sommet de sa gloire, modifie les perspectives. Il voit dans la croisade un acte pieux de pénitence, source de rémission des péchés, occasion de salut, amplifiant les éléments déjà avancés dans ce sens par Urbain II et soulignés par Guibert de Nogent dès le début du XIIe siècle. Il prend en main la prédication de la croisade : à Vézelay (Pâques 1146), il soulève l'enthousiasme des foules. Louis VII et de nombreux barons prennent alors la croix. Bernard envoie des lettres pressantes à de nombreux princes, prêche en Bourgogne, en Flandre, puis en Rhénanie. Là, il s'oppose à un autre moine cistercien nommé Raoul, qui mêlait à sa prédication de croisade des traits antisémites, excitant le peuple à venger le Christ sur ses ennemis. Comme en 1096, des pogroms ont lieu à Cologne, Worms, Mayence, etc. Bernard y met fin et renvoie Raoul à Clairvaux.

À Spire (Noël 1146), Bernard convainc le roi allemand Conrad III de prendre la croix. À la diète de Francfort (mars 1147), des barons allemands demandent d'accomplir leur vœu de croisade en combattant les Wendes, Slaves païens de l'Est. Bernard y consent, s'inspirant peut-être de la position d'Urbain II et de Pascal II envers les Espagnols. Cette équivalence des privilèges est confirmée par le pape le 6 avril. Il répond aussi favorablement au roi Alphonse VII de Castille qui demandait d'étendre les privilèges de croisade à l'Espagne. L'encyclique *Divina dispensatione* (13 avril 1147) se réfère à ces trois zones de combat.

Le glissement des privilèges de croisade vers d'autres régions prend ici une dimension manifeste, et des ambiguïtés nouvelles apparaissent. La guerre contre les Wendes a en effet une double dimension : c'est une conquête de terres païennes, et non plus une reconquête de territoires jadis chrétiens et encore peuplés de fidèles ; c'est de plus une guerre "missionnaire", ayant pour but la conversion des païens. La décision de Bernard et du pape engage dans une voie nouvelle. La croisade, par son éminente sacralisation liée à Jérusalem, avait contribué à définir des traits et des privilèges spirituels qui sont maintenant réaffectés à des guerres diverses pour accroître leur attrait auprès des guerriers chrétiens.

Le climat de croisade

On retrouve en 1146-1147 de nombreux traits rappelant la croisade de 1096. Bernard lui-même fait allusion, dans ses lettres, au climat de merveilleux qui accompagne sa prédication. L'enthousiasme populaire répond à ce climat et à la prédication enflammée de quelques inspirés. À côté des nobles et des princes (deux rois importants, cette fois, dirigent l'expédition, emmènent leurs vassaux et les prennent en charge financièrement) figurent de nombreux pèlerins non-combattants. Le chroniqueur Eudes de Deuil leur reproche de n'avoir pas même pris un arc ou une épée. Louis VII lui-même, on l'a dit, part plus en pèlerin-pénitent qu'en croisé.

Premiers déboires

L'armée de Conrad suit la route de Pierre l'Ermite et de Godefroy de Bouillon. Elle arrive à Constantinople le 10 septembre 1147, sans graves conflits : contrairement à Louis VII, Conrad est en bons termes avec l'empereur Manuel. Mais son armée a sous-estimé le ravitaillement nécessaire et souffre bientôt de disette. Affaiblie, elle tombe dans une embuscade à Dorylée (octobre 1147) et est anéantie par les Turcs qui la désorganisent en simulant la fuite.

Louis VII parvient à son tour à Constantinople par la Hongrie. L'empereur Manuel se méfie énormément des Français, alliés de ses ennemis normands ; il exige, comme jadis Alexis, que toutes les terres reconquises lui soient remises, en particulier Édesse. Louis VII imite Raymond de Toulouse : il refuse l'hommage, et s'engage seulement à ne pas nuire à l'empereur. Louis apprend alors que Manuel a traité avec le sultan de Konya, s'engageant à ne pas aider les croisés. Il envisage un moment d'attaquer Constantinople, mais y renonce, franchit le Bosphore et est rejoint à Nicée par les rescapés allemands.

En Anatolie, les croisés sont mal ravitaillés, attaqués par les Turcs, renseignés, dit-on, par les Grecs. Il parviennent enfin, après de lourdes pertes, à Adalia, avec l'aide des Templiers. Ils y sont recueillis et transportés par mer à Antioche par des navires byzantins. Mais les navires ne peuvent contenir tout le monde : la piétaille, laissée sur place, est massacrée par les Turcs. Les effectifs, à Antioche, ont beaucoup fondu.

Édesse, Damas ou Jérusalem ?

Louis VII et sa femme Aliénor d'Aquitaine sont accueillis par Raymond, prince d'Antioche, oncle d'Aliénor. Le roi semble avoir abandonné tout projet d'attaquer Édesse ; il souhaite avant tout accomplir son pèlerinage à Jérusalem avant de rentrer en France. Raymond, auquel on prête une liaison amoureuse avec sa nièce Aliénor, tente d'user de son influence pour le convaincre d'attaquer Alep, puis Édesse. Mais Louis VII, jaloux, s'en irrite, et emmène Aliénor à Jérusalem où il rejoint Conrad et ses rescapés : les époux sont désunis, et l'on parle déjà de divorce. Il surviendra en 1152, et le remariage d'Aliénor avec Henri II mettra Louis VII aux prises avec son vassal Plantagenêt plus puissant que lui.

Un conseil de guerre tenu à Acre le 24 juin 1148 décide d'attaquer Damas, contre l'avis des barons locaux qui préconisent une attaque d'Ascalon. L'attaque échoue et les croisés, manquant d'eau et de nourriture, doivent battre en retraite le 29 juin à l'approche d'une armée de secours des fils de Zengî.

Les conséquences de l'échec

L'échec devant Damas met fin à la croisade : les barons d'outre-mer l'imputent aux hésitations et à l'incapacité des croisés, qui les accusent en retour de manœuvres et de rivalités ; tous dénoncent la duplicité et la trahison des Grecs. Cette interprétation se renforce lorsque certains navires de Louis VII sont attaqués, à leur retour, par une flotte byzantine. Aliénor, qui voyage sur un autre navire que Louis, tombe entre leurs mains ; elle est libérée peu après, mais la rupture avec Byzance s'amplifie. Louis VII, débarqué en Calabre, s'allie avec Roger II et envisage une nouvelle expédition qui materait l'Empire byzantin. Suger la soutient, mais elle reste à l'état de projet.

En Occident, l'échec des croisés est rudement ressenti. Dieu abandonnerait-il les siens ? Certains en viennent à douter du bien-fondé de la croisade : Géroh de Reichersberg y voit le résultat de la prédication de faux prophètes, soutiens de l'Antichrist. Beaucoup se tournent vers Bernard de Clairvaux et lui demandent des comptes. Bernard lui-même est accablé. Persuadé pourtant d'avoir suivi la volonté de Dieu, il cherche une justification. Son *De consideratione* reprend et amplifie la thèse habituelle du châtiment de Dieu dû aux péchés des chrétiens. Dans d'autres écrits, en revanche, il accuse les princes d'avoir mal conduit la croisade. Le désarroi reste grand, les animosités s'enveniment et la coupure s'accentue entre "Poulains" et croisés, plus encore entre Occidentaux et Grecs. L'esprit de croisade s'affaiblit.

Renaissance du jihad

Au contraire, l'esprit du *jihad*, assoupi, reprend vigueur. Nûr al-Dîn, fils de Zengî, s'en fait le champion, après sa victoire sur les croisés, puis sur une armée d'Antioche, en 1149. Il en répand l'idée par tous les moyens : poésies, lettres, traités, sermons, etc., prônant comme un devoir religieux l'union de tous les musulmans contre les Francs. Il cherche à utiliser cette idée pour unifier sous sa loi la Syrie et l'Égypte. Il meurt en 1174, mais Saladin reprend le flambeau en tant que champion de l'islam et du *jihad* ; il met l'accent sur la Palestine comme patrimoine musulman, et sur Jérusalem comme lieu saint de l'islam, rapprochant ainsi le *jihad* de la croisade.

La troisième croisade

Saladin

Saladin (Salah al-Dîn), général kurde de Nûr al-Dîn, conquiert l'Égypte fatimide et y impose l'islam sunnite. Il triomphe de ses rivaux en soumettant Damas (1174), Alep (1183), et s'attaque aux États latins divisés par les intrigues. Le roi de Jérusalem, Baudouin IV le Lépreux, fait de son mieux et combat vaillamment, demande en vain des secours de l'Occident en 1184, et meurt en 1185.

Sa succession oppose deux clans, ceux de Raymond de Tripoli et de Gui de Lusignan, roi de Jérusalem par sa femme Sibylle, héritière du royaume. Lorsque Renaud de Châtillon viole la trêve en pillant une caravane, Saladin saute sur l'occasion et prend l'offensive. Il attaque Tibériade, que les armées chrétiennes de Gui de Lusignan, mal conseillées par le Maître du Temple Gérard de Rideford, veut affronter aux Cornes de Hattîn, coupé de tout approvisionnement en eau, dans la chaleur des incendies allumés par les musulmans. La déroute des Francs est totale (4 juillet 1187) : presque tous sont tués ou faits prisonniers. Saladin fait exécuter devant lui Renaud de Châtillon et tous les Templiers et Hospitaliers captifs. La Vraie Croix tombe entre les mains de Saladin qui s'empare sans grande difficulté des places fortes de Samarie et Galilée, prend Ascalon et toute la côte à l'exception de Tyr, puis assiège Jérusalem qui capitule le 2 octobre 1187.

Il entreprend aussitôt d'éradiquer du royaume toute présence latine : les croix sont abattues, les églises latines transformées en mosquées (mais non le Saint-Sépulcre ni les églises orientales), le Temple redevient Mosquée d'Omar. Aucun latin n'est autorisé à demeurer à Jérusalem.

La chute de Jérusalem cause en Occident un profond traumatisme ; on est revenu, ou presque, à la situation d'avant 1095, avec une différence notable toutefois : il subsiste outremer quelques têtes de pont permettant le débarquement de renforts.

La prédication de la troisième croisade

Urbain III est si affecté par la nouvelle qu'il meurt le 20 octobre 1187, après avoir rédigé l'encyclique *Audita tremendi*, publiée le 29 par Grégoire VIII et reprise par Célestin III qui lui succède trois mois plus tard. Elle insiste sur les profanations des "infidèles", la perte de la Vraie Croix, et lance un vibrant appel aux armes. Henri d'Albano, Pierre de Blois et Baudouin de Canterbury prêchent la croisade avec succès, tout comme Joscius, archevêque de Tyr, qui entreprend de réconcilier le roi de France Philippe Auguste et son rival Plantagenêt Henri II, qui a épousé Aliénor en 1152. À Gisors (22 janvier 1188), il semble y parvenir : les deux rois, ainsi que Philippe de Flandre, envisagent de partir en croisade, et décident de lever sur leurs États des taxes pour la financer (dîme saladine). Richard, fils d'Henri II, les a devancés : il décide de se croiser dès novembre 1187. Mais les conflits reprennent, et Henri II meurt le 6 juillet 1189. Richard, devenu roi, s'accorde enfin avec Philippe Auguste, dont il doit depuis longtemps épouser la sœur. Ils décident de partir ensemble et se croisent à Vézelay.

Frédéric Barberousse

Ils sont devancés par l'empereur Frédéric Barberousse, fort âgé (près de 70 ans), mais robuste et vaillant. S'inspirant de Charlemagne et du mythe du dernier empereur, il se considère comme le chef de la chevalerie d'Occident et le défenseur des Lieux saints. Il prend la croix avec de nombreux princes allemands le 27 mars et mène une grande armée disciplinée à travers la Hongrie et les Balkans.

Une fois de plus, l'empereur grec Isaac l'Ange a traité avec Saladin et se montre peu coopératif, ravitaille mal les troupes et s'efforce même de retarder le passage des croisés. Frédéric envisage à son tour une attaque de Constantinople, avec l'aide des cités maritimes d'Italie. Isaac cède alors, et fait franchir les Dardanelles aux croisés qui s'enfoncent en Anatolie et s'emparent d'Iconium (Konya), puis marchent vers la Cilicie. Là, voulant traverser à la nage une rivière, en pleine chaleur, il se noie le 10 juin 1190.

Sa mort disloque l'armée allemande. Certains renoncent, d'autres errent, frappés de maladies diverses, d'autres enfin, dirigés par Frédéric de Souabe, parviennent jusqu'à Acre où ils rejoignent l'avant-garde des Français d'Henri de Champagne et les Normands de Guillaume de Sicile. Ils assiègent Acre, investie depuis plusieurs mois par Gui de Lusignan. Un flot continu de croisés arrive à Acre entre mars 1189 et juillet 1190, le plus souvent par mer. On attend surtout les armées des rois de France et d'Angleterre, qui tardent à arriver.

Philippe Auguste et Richard Cœur de Lion

Philippe Auguste a alors 25 ans ; il est retors et quelque peu cynique, mais bon politique. Il se méfie de son vassal et puissant rival Richard Cœur de Lion, qui a hérité de son père le royaume d'Angleterre et de nombreux comtés en France, et tient l'Aquitaine de sa mère Aliénor.

Richard a 33 ans ; il est plus brillant, plus fastueux et meilleur guerrier que Philippe, qui le jalouse. L'un et l'autre ont cédé à la pression populaire pour partir enfin le 1ᵉʳ juillet. Philippe passe par Gênes où il loue des navires qui le mènent à Messine, où il attend Richard. Celui-ci a sa propre flotte qui doit le rejoindre à Marseille. Au passage, elle aide à prendre puis à piller Lisbonne. Retardée par une tempête, elle arrive à Marseille alors que Richard, lassé d'attendre, a pris la route pour l'Italie du sud, en évitant Rome (il est en conflit avec le pape Clément III, qu'il assimile à l'Antichrist).

Sa flotte le rejoint enfin et il fait avec elle une entrée somptueuse à Messine. Tancrède de Lecce s'y était emparé du trône, et détenait Anne, la sœur de Richard, veuve du roi Guillaume. Richard attaque la ville, contraint Tancrède à lui rendre sa sœur et obtient de Tancrède le versement de 40 000 onces d'or. Philippe en réclame sa part (arguant d'un accord de partage du butin gagné au cours de l'expédition !) et, moyennant compensation financière, consent à délier Richard de sa promesse d'épouser sa sœur Aélis (devenue depuis longtemps la maîtresse de son père Henri II), puis s'embarque pour Acre avant l'arrivée d'Aliénor qui amène à Richard sa fiancée Bérangère de Navarre, qu'il épouse peu après. Il s'embarque à son tour pour Chypre, où le souverain de l'île retient ses bateaux. Le roi en profite pour conquérir l'île, qui lui apporte richesse nouvelle et base d'opération pour les futures croisades.

Richard arrive enfin à Acre le 8 juin 1191. Les chrétiens qui l'assiègent sont à leur tour entourés par les armées de Saladin. Les chrétiens ont la maîtrise de la mer et l'arrivée de Richard décuple les courages. La garnison d'Acre fait reddition le 13 juillet : pour leur liberté, elle offre un échange de prisonniers, une rançon de 200 000 dinars pour les autres captifs, et la restitution de la Vraie Croix. Un malentendu fait échouer l'accord : Saladin ne vient pas et Richard, s'estimant trompé, fait décapiter deux mille cinq cents captifs musulmans. Acre, redevenue chrétienne, devient le premier port de transit de tous les navires venant en Terre sainte.

La croisade de Richard

Philippe Auguste, brusquement, décide de rentrer : il veut récupérer le Vermandois, héritage du comte de Flandre, qui vient de mourir. Il laisse toutefois sur place une armée de Français, dirigée par Hugues de Bourgogne. Richard prend la tête des croisés, mais se heurte bientôt à l'opposition des clans. Gui de Lusignan, soutenu par Richard, était jusqu'alors roi de Jérusalem par sa femme Sibylle. Or, celle-ci meurt en 1190. Le clan Ibelin et les croisés français soutiennent Conrad de Montferrat, jugé plus vaillant. Pour fonder ses droits, ils lui font épouser Isabelle, sœur de Sibylle, déjà mariée, mais qu'ils séparent de son époux, Onfroi de Toron, malgré les protestations de deux prélats. La pression des barons conduit Richard à accepter Conrad : en compensation, il accorde à Gui de Lusignan la possession de Chypre, qu'il avait remise aux Templiers. L'île constituera désormais une excellente base arrière. Peu après, Conrad est tué par les "Assassins", membres d'une secte musulmane, et la rumeur en accusera Richard.

Malgré ces dissensions, le roi accumule les exploits, particulièrement à Arsour, où les armées de Saladin sont pour la première fois vaincues (7 septembre 1191). En 1192, il se rend maître de presque tout le littoral et amorce en janvier une marche vers Jérusalem, soutenu par les croisés, mais contre l'avis des barons du pays qui estiment trop dangereux de s'éloigner des côtes. Il en est seulement à quelques kilomètres lorsqu'il fait demi-tour pour préparer une attaque de l'Égypte et fortifier Ascalon. Pressé par les croisés, il entreprend une seconde marche vers Jérusalem, en juin 1192, s'en approche, mais renonce à nouveau sur le conseil des "Poulains", et se contente de piller une riche caravane. Il rate ainsi une bonne occasion car les défenseurs de Jérusalem n'avaient pas achevé leurs défenses et s'estimaient hors d'état de résister.

Richard traite avec Saladin

Saladin, pendant ce temps, s'est emparé de Jaffa. Richard la délivre, au prix d'un exploit personnel, puis négocie avec Saladin : l'assassinat de Conrad, sa propre maladie et les nouvelles inquiétantes de son pays - où son frère Jean s'est allié au roi de France pour l'écarter - poussent Richard au retour. Il envisage un moment une solution diplomatique au conflit pour les Lieux saints en mariant sa sœur Jeanne au frère de Saladin, mais Jeanne refuse. Il convient enfin d'une trêve de 3 ans, 3 mois et 3 jours avec Saladin (3 septembre 1192) : elle assure aux Francs la propriété de toute la zone côtière, de Tyr à Jaffa, et le libre accès de tous les pèlerins sans armes à Jérusalem.

De nombreux croisés se rendent aussitôt aux Lieux saints. Richard s'y refuse, témoignant ainsi de son échec relatif. Il envisage une nouvelle croisade dès que possible. Il ne la réalisera pas : il est en effet capturé à son retour par le duc d'Autriche Léopold (qu'il avait humilié à Acre), et "vendu" à l'empereur Henri VI qui le garde prisonnier, en dépit de la protection due à tous les croisés. Philippe Auguste et Jean sans Terre offrent à l'empereur de grosses sommes pour qu'il soit maintenu captif, mais Aliénor délivre son fils par une rançon de 100 000 marcs. Rentré en Angleterre, Richard pardonne à Jean, reprend la lutte contre Philippe et meurt d'une blessure de flèche au siège de Chalus (6 avril 1199).

Malgré les exploits chevaleresques de Richard, le résultat de l'expédition des trois rois est donc décevant : Jérusalem reste aux mains des musulmans, ainsi que la Vraie Croix, que le traité ne mentionne pas. La croisade a de plus révélé de profondes tensions entre Poulains et croisés, et n'a pas su unir les princes contre l'ennemi commun. De nombreuses critiques se font jour à nouveau, mais l'idée de croisade résiste et reste populaire.

La croisade de Henri VI (1197)

L'empereur Henri VI, ex-geôlier de Richard, presse le pape de proclamer la croisade (1er août 1195). Ses mobiles sont multiples : à la piété et à la repentance s'ajoutent le vœu non accompli de son père Frédéric Barberousse, le mythe eschatologique du dernier empereur et ses ambitions orientales. Il rassemble en Sicile une grande armée impériale, mais tombe malade et en confie la direction à l'archevêque de Mayence. Elle s'embarque pour Acre et s'empare de Sidon et de Beyrouth (septembre 1197), mais à la nouvelle de la mort d'Henri VI, les Allemands rentrent chez eux.

Bilan à la fin du XIIe siècle

Malgré ces échecs relatifs, le bilan est positif pour les chrétiens de Terre sainte : après Hattin (1187), ils ne tenaient plus que Tyr et quelques places fortes de l'intérieur. Dix ans plus tard, ils tiennent presque toute la côte, disposent ainsi de nombreux ports, et de la base arrière de Chypre. Mais Jérusalem leur échappe, et la Vraie Croix reste aux mains des musulmans.

III. Les croisades du XIIIe siècle

La quatrième croisade

Innocent III

Innocent III (1198-1216) a une conception très théocratique du pouvoir, ce qui le conduit à sacraliser toutes les guerres menées dans l'intérêt confondu de la chrétienté, de l'Église et de la papauté. Il se sert sans scrupule de l'arme de la croisade, qui l'occupe dès son élection (8 janvier 1198) : contre les musulmans en Terre sainte mais aussi contre les Maures d'Espagne, les hérétiques du Languedoc ou ses adversaires politiques, par exemple Markward d'Anweiler, en Sicile.

Aucun pape n'a prêché autant que lui la croisade, dont il fait un impératif pour tous les hommes valides.

En août 1198, il proclame sa première encyclique de croisade : il faut délivrer Jérusalem. Les barons et les villes devront fournir des contingents pour deux ans, et le clergé devra contribuer aux dépenses par une taxe sur ses revenus. Un curé charismatique, Foulques de Neuilly, soulève l'enthousiasme. La croisade est retardée par la mort de Richard et par l'interdit jeté sur la France à cause de la répudiation par le roi de sa femme, Ingeburg de Danemark.

Une prise de croix collective a lieu lors d'un tournoi à Écry, en novembre 1199. Les barons français choisissent pour chef le comte Thibaud de Champagne, qui meurt en mars 1201 et est remplacé par Boniface de Montferrat. L'objectif (d'abord tenu secret) est d'aller attaquer l'Égypte, puissance dominante de la région, afin de la contraindre à rendre Jérusalem. Villehardouin et Conon de Béthune prennent contact avec le doge de Venise, Enrico Dandolo, qui s'engage pour 85 000 marcs à faire traverser la mer au contingent prévu (environ 35 000 croisés) et à ajouter 50 galères armées à l'expédition. Mais de nombreux croisés, par défiance envers Venise, ont suivi leur propre voie, d'autres ont renoncé, et plus de la moitié de l'effectif manque à l'appel. Ce sera l'origine d'une suite de déviations funestes.

Les déviations de la croisade

Le doge Dandolo fait alors une proposition : il accepte de différer le paiement de ce qui manque à la somme prévue (elle devra être versée après les pillages) si les croisés l'aident à reprendre aux Hongrois le port de Zara, sur la côte dalmate. Il appartient au roi de Hongrie, qui a lui aussi pris la croix, ce qui scandalise plusieurs croisés et entraîne des défections. Les chefs acceptent, malgré l'opposition de Simon de Montfort et de Gui des Vaulx de Cernay, qui se retirent. La ville est prise et pillée le 24 novembre 1202.

Les chefs décident d'hiberner à Zara. Ils y reçoivent l'ambassade du jeune prince byzantin Alexis, fils de l'empereur Isaac II qui vient d'être détrôné et emprisonné par Alexis III. Si on l'aide à rétablir son père sur le trône, il se fait fort de réaliser l'union des Églises, et promet de fournir aux croisés un contingent et une somme de 200 000 marcs. Cette proposition séduit à la fois les chefs, qui y voient le moyen de payer leur dette, les Vénitiens qui rétabliraient leur influence commerciale à Constantinople, et les partisans de l'union des Églises.

Le pape a bien, par lettre, interdit d'attaquer une ville chrétienne, mais il veut que la croisade aboutisse et accorde vite son pardon, excommuniant toutefois les Vénitiens. Cependant Boniface, qui a besoin d'eux, ne communique pas sa sentence.

Les croisés se dirigent donc vers Constantinople, débarquent à Galata, et un navire force la chaîne barrant la Corne d'Or. Un double assaut est mené, par les Vénitiens par mer, par les croisés contre le palais des Blachernes. Alexis III s'enfuit et l'on tire de sa prison Isaac II, qui ratifie les promesses de son fils (17 juillet 1203). Celui-ci est bientôt couronné empereur associé.

L'Empire latin de Constantinople

Innocent III, mis devant le fait accompli, ne proteste guère : il espère obtenir l'union des Églises promise par le jeune Alexis. Mais celui-ci a sous-estimé les réactions de la population grecque, très hostile à cette union et plus encore aux Latins et aux Vénitiens, qui sont injuriés, menacés. La révolte gronde et les quartiers occidentaux sont incendiés. Les représailles amplifient l'émeute. Alexis IV est pris, puis éliminé par son cousin, Alexis V, hostile aux Latins, soutenu par la population byzantine.

Les croisés décident alors de s'emparer du pouvoir pour eux-mêmes. Un plan d'attaque entre Vénitiens et croisés règle d'avance le partage du butin : les Vénitiens en obtiendront les trois quarts (jusqu'à extinction de la dette des croisés), puis la moitié au-delà de cette somme. Un empereur sera élu par les vainqueurs.

La ville est assaillie le 9 avril 1204, prise le 12 ; s'ensuit une mise à sac qui dure trois jours et n'épargne ni les palais ni les tombeaux ni les églises, riches en reliques très convoitées. Le vol de reliques, fréquent (voire admis) en Occident, prend ici la dimension d'un pillage systématique. Les croisés les ramènent chez eux, où elles sacralisent et enrichissent les cryptes.

Baudouin de Flandre est élu empereur le 16 mai. L'Empire latin va se former sur des bases féodales. On attend désormais de lui une aide active pour la croisade. Innocent III félicite d'abord les Latins pour cette victoire, qui lui semble bénéfique pour l'union des Églises, mais condamne les pillages. Il ne pouvait moins faire.

Le sac de Constantinople ne crée évidemment pas le schisme, déjà ébauché dès 1054, ni la méfiance entre Grecs et Latins, que tout sépare depuis des siècles, mais il creuse le fossé, exaspère les tensions et attise les haines.

Comment expliquer une telle déviation ? La thèse de la préméditation des Vénitiens est à exclure. Celle qui l'attribue à une ambition délibérée de conquête des chefs, soutenue par le chroniqueur Robert de Clari et les croisés de base, l'est aussi, tout comme, à l'inverse, la thèse d'un enchaînement de circonstances dû seulement au hasard, soutenue par le chroniqueur Geoffroy de Villehardouin et par les chefs, prompts à s'autojustifier. On doit écarter aussi la thèse de la secrète complicité du pape. Mieux vaut admettre que les "circonstances" ont été exploitées au mieux des intérêts de chacun : la papauté, les Vénitiens et les Latins avaient tous à y gagner. Tous, sauf la croisade et les croisés sincères, majoritairement hostiles, et dont les défections s'accentuèrent au fil des jours.

La cinquième croisade

Les croisades d'Innocent III

Innocent III n'abandonne pas pour autant ses projets de croisade, qu'il insère dans sa conception globalisante de la guerre sainte. Avant lui déjà, on l'a vu, plusieurs papes avaient accordé à la Reconquista espagnole les mêmes prérogatives qu'à la croisade. Innocent III les imite à propos de la lutte contre les hérétiques du Languedoc, Cathares et Albigeois. Toutefois, dès 1213, il réaffirme son intérêt majeur pour la Terre sainte. Les Espagnols ont remporté à Las Navas de Tolosa (1212) une victoire décisive, et les Albigeois sont vaincus par les troupes des barons français dirigées par Simon de Montfort, qui bat à Muret (1213) le roi d'Aragon Pierre II, leur dernier défenseur. La priorité est donc à nouveau Jérusalem :

> "Parce que l'aide à la Terre sainte en serait largement empêchée ou retardée, nous révoquons les rémissions et les indulgences antérieurement accordées aux combattants, en Espagne contre les Maures ou en Provence contre les hérétiques ; elles avaient été accordées en des circonstances aujourd'hui dépassées et pour une raison particulière disparue ; toutefois, ces rémissions et ces indulgences demeurent acquises à ceux qui habitent l'Espagne et la Provence."

Le concile de Latran organise la croisade (1215). Il élargit les privilèges à ceux qui, sans partir eux-mêmes, financent le départ d'un croisé. Il interdit également tout commerce avec l'Égypte. Frédéric II se croise en 1215, mais diffère son départ à cause d'un conflit avec Otton de

Brunswick, qui conteste son trône. Le départ est prévu le 1ᵉʳ juin 1217. Innocent III ne le verra pas : il meurt le 16 juillet 1216. Honorius III reprend ses plans.

L'expédition (1217-1219)

Le prédicateur Olivier de Courson rencontre peu de succès en France, mais Olivier de Paderborn, dans un climat prophétique, soulève l'enthousiasme Outre-Rhin, dans des régions qui ont fourni peu de contingents jusqu'ici : l'Autriche de Léopold VI et la Hongrie du roi André II par exemple. Ces croisés (mais non pas tous, car on a cette fois sous-estimé leur nombre !) sont transportés à Acre par les Vénitiens. D'autres contingents viennent des Pays-Bas, de Flandre et de Chypre.

Les premiers arrivants commencent dès novembre 1217 à lancer des chevauchées généralement infructueuses, car les musulmans évitent l'affrontement et se retirent dans leurs forteresses. Les croisés décident alors d'attendre l'arrivée de la seconde vague en fortifiant Césarée et en construisant la forteresse de Château-Pèlerin. Frisons et Allemands arrivent en avril 1218. À cette date, de nombreux croisés sont déjà rentrés chez eux, avec le roi de Hongrie.

En automne, avec l'arrivée de nouveaux contingents italiens, anglais, français et même espagnols, Jean de Brienne parvient à convaincre les croisés que le chemin de la reconquête de Jérusalem passe par une victoire sur les forces égyptiennes. Il dirige une expédition par mer qui débarque près de Damiette (29 mai 1218) et en fait le siège. Survient alors une divergence entre Jean de Brienne, chef de l'expédition, et Pelage, légat du pape, nouvellement arrivé. Il réclame le commandement et s'oppose à ce que les terres égyptiennes éventuellement conquises soient annexées au royaume de Jérusalem. Ce conflit crée la discorde chez les croisés, au moment où les Égyptiens se croient en grand péril et offrent, s'ils se retirent d'Égypte, de rendre la totalité du royaume de Jérusalem (sauf la Transjordanie) et de garantir une trêve de trente ans. Jean de Brienne veut accepter, mais Pelage s'y oppose, soutenu par les Templiers et les Hospitaliers.

Après un nouvel assaut, le sultan al-Kamil renouvelle son offre et promet en outre la reconstruction, à ses frais, des murailles de Jérusalem, la reddition des châteaux de Belvoir, Safet et Tibnine, et la remise de la Vraie Croix. Une fois de plus, Pelage, les Italiens et les ordres militaires refusent : ils attendent l'arrivée de Frédéric II et espèrent conquérir toute l'Égypte.

Damiette est prise d'assaut et pillée (5 novembre 1219) mais Pelage, contre l'avis de Jean de Brienne, ordonne une marche vers Le Caire ; l'armée est piégée par une crue du fleuve dont les musulmans ont rompu les digues. Les croisés doivent capituler, rendre leurs prisonniers et quitter l'Égypte sans rien obtenir qu'une trêve de huit ans. C'est un échec complet. En Occident, les critiques se multiplient ; on accuse les chefs et le pape, qui accuse Frédéric II.

Frédéric II et la sixième croisade (1221-1229)

On voit souvent en Frédéric II un souverain tolérant, un esprit "laïc", voire profane, indifférent à la religion. Cette image est trompeuse ; elle résulte de la propagande menée contre lui par la papauté. Sa piété est réelle, comme son intérêt pour Jérusalem. S'il remet plusieurs fois son départ, c'est à cause de la difficulté qu'il rencontre en Allemagne et en Italie pour asseoir son autorité. En 1223, Frédéric renouvelle son vœu, mais en diffère à nouveau la réalisation pour remettre de l'ordre en Sicile.

Le pape, pourtant, compte sur lui pour reprendre en main la croisade, d'autant plus qu'il lui fait épouser Isabelle, fille de Jean de Brienne, en novembre 1225 ; par elle, Frédéric se dit roi de Jérusalem, évinçant ainsi son beau-père qui se réfugie à Rome. Frédéric prépare son armée, mais tombe malade et retarde encore son départ. Cette fois, le pape y voit de la duplicité et l'excommunie, ce qui lui permet de faire envahir ses terres d'Italie du sud par ses armées : Frédéric n'étant plus considéré comme croisé, ses terres ne sont plus protégées par la législation ecclésiastique.

Malgré son excommunication, Frédéric s'embarque enfin, à la tête d'un contingent de cinq cents chevaliers. À Acre, il se heurte aux Templiers et aux Hospitaliers qui lui refusent leur aide (parce qu'il est excommunié et parce qu'il est entré en relation avec le sultan al-Kamil), ainsi qu'au clan Ibelin qui lui conteste ses droits au royaume au nom des coutumes féodales et tente d'instaurer un régime aristocratique. Frédéric, alors, fortifie Jaffa et mène quelques chevauchées pour impressionner al-Kamil à le pousser à négocier. Le traité de Jaffa (11 février 1229) instaure une trêve de dix ans et rend aux Latins Jérusalem (sauf l'esplanade des Mosquées), Bethléem, Nazareth, et les régions de Lydda, Ramla, Sidon et Toron.

Le 17 mars 1229, au Saint-Sépulcre ainsi récupéré, Frédéric se ceint lui-même de la couronne de Jérusalem. Le patriarche la lui refuse et jette l'interdit sur Jérusalem. Paradoxe : croisé excommunié, Frédéric obtient par la négociation ce que tous cherchaient en vain depuis 1187, mais son éclatant succès lui ne lui vaut que mépris, critiques et désaveux. Dégoûté, il quitte la Terre sainte le 1er mai 1229.

La septième croisade (1248)

Nouveaux périls

Le départ de Frédéric ne met pas fin aux conflits entre ses partisans et le parti des Ibelins, soutenu par la papauté, les Templiers et les barons du pays. Une ère de guerres civiles s'ouvre alors, et les croisés qui arrivent se partagent entre ces deux camps, hésitent entre leurs propositions respectives contradictoires. C'est le cas par exemple de la croisade de Thibaut de Champagne, en 1239. Richard de Cornouailles, parent de Frédéric II, a plus de succès : il obtient du sultan la restitution de territoires qui rendent au royaume de Jérusalem ses frontières de 1187.

Mais en 1244, le sultan égyptien fait appel aux troupes khwarezmiennes rejetées de Mésopotamie par les Mongols. Elles s'emparent de Jérusalem et se joignent aux Égyptiens pour écraser près de Gaza les croisés et leurs alliés (La Forbie, 17 octobre 1244) : les ordres religieux perdent leurs Maîtres, et les croisés près de 16 000 hommes. Le sultan al-Ayyûb s'empare de la Judée, de la Samarie, puis de Damas. Un tel désastre fait envisager une alliance avec les Mongols. Espoir déçu : les Mongols exigent la soumission et menacent bientôt l'Europe orientale.

Le concile de Lyon et l'appel à la croisade

Le concile de Lyon (1245) traite de tous ces périls : la prise de Jérusalem, l'invasion mongole qui menace, et le conflit entre la papauté et l'empire pour la Sicile. Frédéric est à nouveau excommunié, et Innocent IV accorde à ceux qui le combattent les mêmes privilèges qu'aux croisés de Terre sainte. Ces conflits nuisent gravement à l'appel général à la croisade lancé à Lyon.

Le roi de France Saint Louis avait fait vœu de croisade avant même le désastre de la Forbie, lors d'une grave maladie. Dès 1245, il commence à recruter, incitant ses frères et les hauts barons à prendre la croix en sa compagnie, avec leurs vassaux. Il cherche, sans grand succès, à rallier à cette cause les souverains étrangers. Henri III d'Angleterre finit par accepter la prédication de la croisade dans son royaume : deux cents chevaliers partiront en 1249. Louis cherche aussi, vainement, à réconcilier le pape et l'empereur. La croisade, en définitive, est essentiellement française et royale.

Le roi la prépare de toutes les manières : sur le plan moral, il fait mener une enquête sur les torts qu'il aurait pu causer et s'engage à les réparer, interdit toute guerre privée et ordonne un moratoire de trois ans sur les intérêts des dettes. Sur le plan politique, il confie la régence à sa mère Blanche de Castille. Sur le plan matériel, il subventionne près de la moitié des croisés (l'Église lui fournit les deux tiers de la somme dépensée) et organise avec soin le transport des troupes et leur ravitaillement. Il signe avec les marins de Gênes et de Marseille un contrat pour les transports par mer, dont le départ est prévu à Aigues-Mortes.

La première croisade de Saint Louis

Le roi s'embarque à Aigues-Mortes le 25 août 1248, avec une armée de 15 000 hommes environ, avec ses frères Robert d'Artois, Alphonse de Poitiers et Charles d'Anjou, les ducs de Bretagne et de Bourgogne, et de nombreux autres seigneurs du royaume. Passant par Chypre, il fait voile vers l'Égypte, puissance majeure qui tient entre ses mains le sort de la Palestine. Débarqués près de Damiette, les croisés s'en emparent sans difficulté (6 juin 1248) ; là, ils attendent les renforts venant de France pour marcher vers Le Caire, le 20 novembre.

La mort du sultan al-Ayyûb décourage alors les musulmans qui proposent un échange entre Damiette et Jérusalem. Les croisés préfèrent à nouveau marcher vers Le Caire, et campent face au camp égyptien de Mansourah, de l'autre côté d'un bras du Nil, qu'ils parviennent à franchir par un gué. Le comte d'Artois le traverse en avant-garde avec quelques chevaliers. Contrairement aux ordres, il attaque aussitôt, met en fuite le camp égyptien et poursuit les fuyards jusque dans les rues de Mansoura sans attendre les renforts. Il y est tué avec ses chevaliers (8 février 1250).

Après ce succès, les Égyptiens reprennent courage et infligent aux croisés des pertes sévères. Le camp croisé, de plus, est ravagé par la maladie et doit se replier vers Damiette. En chemin, les croisés sont cernés par les Égyptiens et doivent capituler, le 6 avril 1250. Le roi est emmené captif au Caire : il est libéré un mois plus tard et doit rendre pour sa liberté Damiette. Pour celle des autres captifs, il doit payer une rançon de 400 000 livres tournois.

Libéré, Saint Louis s'embarque pour Acre : il reste quatre ans en Terre sainte, fortifie Acre, Césarée, Jaffa, tente sans grand succès de négocier des trèves, et solde à ses frais un contingent permanent de cent chevaliers. La croisade de Saint Louis n'en est pas moins un échec retentissant, ressenti comme tel en Occident. La désaffection pour la croisade s'amplifie.

La huitième croisade (1270)

L'arrivée des Mongols sur la scène politique modifie profondément la situation au Proche-Orient. En quelques années, ils dominent la Mésopotamie, la Perse, la Syrie, l'Anatolie, l'Ukraine, la Pologne, et menacent l'Europe orientale.

Toutefois, la menace des Mamelûks égyptiens du sultan Baybars est, pour l'heure, plus forte aux yeux des chrétiens de Palestine. Baybars, en effet, bat les Mongols à Aïn Jâlûd (1260) et passe à l'offensive contre les Latins en faisant renaître l'esprit du *jihad*. En 1265, il rompt les trèves, puis s'empare de Césarée, Arsour, Safed, Beaufort et Antioche, qu'il incendie et dont il massacre les habitants : il s'en vante complaisamment dans une lettre à Bohémond IV. De plus, pendant ce temps, une véritable guerre civile (dite de Saint-Sabas) oppose à Acre Génois et Vénitiens, Templiers et Hospitaliers. Tout va mal outremer.

Dès 1267, Gilles de Saumur prêche en vain la croisade. Saint Louis la devance : il se croise le 24 mars 1267, voulant sans doute effacer le souvenir de son échec précédent. Cette fois, il ne parvient pas à convaincre ses barons : même Joinville, chroniqueur de la croisade de 1248, refuse de partir. Le roi parvient seulement à rallier à son projet le roi d'Angleterre Henri III, bientôt remplacé par son fils Édouard, auquel il prête 70 000 livres.

L'expédition, soigneusement préparée, part à nouveau d'Aigues-Mortes (2 juillet 1270), pour rallier Cagliari, lieu de rassemblement de tous les croisés. On dévoile alors le but de l'expédition : ce sera Tunis d'abord, puis la Palestine. Les raisons invoquées pour expliquer cette étrange destination sont diverses : selon son confesseur Geoffroy de Baulieu, le roi aurait reçu des informations lui faisant espérer la conversion de l'émir tunisien. Par ailleurs, il semble qu'une entente avec les Mongols du khan de Perse Abagha prévoyait une action combinée avec les croisés contre l'Égypte. Mais Abagha, attaqué par son cousin, aurait demandé un délai reportant l'action commune à l'année 1271. Saint Louis aurait alors voulu obtenir au passage le soutien ou la soumission du sultan de Tunis avant d'attaquer l'Égypte, peut-être par voie de terre. Plusieurs historiens ont aussi fait remarquer que cette destination répondait aux ambitions méditerranéennes et aux intérêts de Charles d'Anjou, roi de Sicile, frère de Louis, en conflit avec l'émir de Tunis et désireux de lui imposer des privilèges commerciaux.

Les croisés débarquent près de Carthage. Une épidémie de peste les ravage aussitôt. Le roi en meurt huit jours plus tard, le 25 juillet 1270, en murmurant "Jérusalem, Jérusalem", témoignant par là de sa préoccupation essentielle. Aussitôt, Charles d'Anjou traite avec l'émir, en obtient pour lui-même des privilèges commerciaux et le tiers d'une indemnité de guerre de 210 000 onces d'or. Philippe III, nouveau roi de France, y ramène la dépouille de Saint Louis.

D'autres croisés ont fait voile vers la Terre sainte : des troupes aragonaises, débarquées à Acre, tombent bientôt dans une embuscade et y sont massacrées. Celles du roi d'Angleterre, arrivées à Tunis après la conclusion du traité, débarquent à Acre en mai 1271 ; trop peu nombreuses, elles ne peuvent empêcher la prise par Baybars de plusieurs forteresses, comme le Crac des chevaliers et Montfort. Édouard échappe à une tentative d'assassinat et rentre en Angleterre. Le roi Hugues de Chypre obtient de Baybars une trêve de dix ans autorisant le libre accès des pèlerins à Jérusalem.

La fin des États latins d'outremer

Ce nouvel échec consterne l'Occident. Il n'y aura plus, dans les faits, de nouvelle "croisade générale".

Dès 1275 pourtant, Grégoire X tente d'en organiser une. Pour la financer, il lève une dîme de six ans sur l'ensemble de la chrétienté ; sa mort met fin au projet (janvier 1276).

En Occident, nombreux sont ceux qui, tel Salimbene de Adam, se demandent si la croisade pour libérer le Sépulcre répond bien aux volontés de Dieu, puisque tant de tentatives ont jusqu'ici été menées en vain. Les États latins ont pourtant de plus en plus besoin de l'Occident, mais on commence à comprendre que la solution n'est pas dans ces grands "passages" épisodiques, mais dans le renforcement des garnisons permanentes.

Baybars entreprend en effet la reconquête systématique des places fortes intérieures, puis des villes et forteresses de la côte, qu'il détruit. Sa mort, suivie d'une invasion mongole, laisse un répit aux États latins. Mais dès 1285, le nouveau sultan reprend l'offensive et détruit Tripoli. Un nouvel appel à l'Occident amène un renfort de croisés italiens indisciplinés qui, par leurs massacres de marchands, ne font qu'accélérer la fin. Ils ne peuvent s'opposer à l'armée du sultan qui assiège Acre le 5 avril 1291 et la prend d'assaut le 18 mai.

La citadelle, tenue par les Templiers, tombe dix jours plus tard. Acre est détruite, les habitants massacrés ; quelques fugitifs parviennent à gagner Chypre, qui demeure la dernière base latine en Orient. Quelques jours plus tard, après la chute de Tyr, Sidon, Beyrouth, Tortose et Château-Pèlerin, il ne reste plus rien des États latins d'outremer.

Leur perte ne met pourtant pas fin à l'idée de croisade, qui survit encore longtemps dans les esprits et donne naissance à plusieurs théories, plans et projets non suivis d'effets. Elle est récupérée par l'idéologie de la chevalerie, et devient bientôt un mythe.

TROISIÈME PARTIE

PRATIQUES, PROBLÈMES ET INSTITUTIONS DE LA CROISADE

I. La Prédication

DE NOMBREUX CROISÉS, princes, seigneurs, chevaliers ou même piétons ont pris la croix de leur propre initiative, sans répondre à un appel particulier du pape, mais le rôle du pontife est toutefois prépondérant dans les grandes croisades mentionnées ci-dessus. C'est généralement lui qui les décide, seul ou plus souvent lors d'un concile, qui les organise et qui les publie dans des encycliques adressées aux évêques chargés d'en diffuser le contenu et de prêcher dans leur diocèse, particulièrement aux puissants.

Parfois (c'est le cas d'Urbain II), le pape prêche lui-même dans une tournée de propagande. Le plus souvent, il confie ce rôle à ses légats, assistés de prédicateurs au charisme réel et reconnu. Certains de ces prédicateurs inspirés sont peu ou mal contrôlés par l'Église, font appel au merveilleux, aux ressorts douteux de la religiosité populaire ; leur message s'éloigne parfois notablement de l'orthodoxie. C'est le cas, par exemple, de Pierre l'Ermite et plus encore de ses émules dans la première croisade, du moine Raoul dans la Deuxième. D'autres, mieux contrôlés, usent aussi de méthodes du même genre, comme Foulques de Neuilly ou Olivier de Paderborn. Leurs appels, assortis de signes et de manifestations miraculeuses, déchaînent l'enthousiasme et suscitent des vœux.

Ces prédicateurs sont surtout des cisterciens au XIIe siècle, des dominicains à partir du XIIIe siècle. Vers 1266, Humbert de Romans compose un "traité sur la prédication de la croisade" qui utilise les informations du juif espagnol converti Pierre Alphonse concernant l'islam, codifie les thèmes majeurs de prédication et fournit des réponses aux objections soulevées contre la croisade. Dans son effort pour l'institutionnaliser,

Innocent III multiplie les nominations de prêcheurs, organise leur prédication et leur fournit des instructions détaillées. Des manuels de prédications voient le jour en Angleterre, en France et en Allemagne. La prédication s'insère dans un rituel, s'accompagne de processions, prêches, témoignages, récitations de récits historiques ou épiques, chansons de croisade, créant une atmosphère d'exaltation mystique propice aux manifestations surnaturelles, miraculeuses ou jugées comme telles, parfois aux supercheries : en 1096, le futur évêque de Césarée s'était procuré les fonds nécessaires à son voyage en gravant son front d'une croix qu'il disait faite de la main de Dieu.

II. Les vœux

Le but de ces prédications est d'obtenir des vœux. Issu du pèlerinage, le vœu de croisade existe dès 1095, comme l'a montré J. A. Brundage. Urbain II les réservait aux seuls guerriers, mais la prise de Jérusalem rend plus difficile la distinction entre vœu de croisade et de pèlerinage. Il s'exprime par la prise de croix, cousue sur le vêtement, ou, à l'imitation du vœu de pèlerinage, par la remise de la besace et du bourdon (bâton du pèlerin), comme c'est le cas pour Joinville en 1248. Le vœu n'est pas toujours volontaire : il peut être imposé comme pénitence. Il peut aussi comporter des spécifications de durée : Innocent III, par exemple, exige un engagement de deux, puis trois ans.

Cet engagement est en principe irrévocable, et engage même la descendance, mais on constate sur ce point une évolution. Urbain II recherchait seulement le vœu des guerriers et subordonnait même sa validation à l'acceptation de leur femme et de leur seigneur. Par la suite, s'introduit la pratique de la commutation de vœux. Il s'agit d'abord de fournir un remplaçant (ainsi, en 1185 Guillaume le Maréchal accomplit le voyage à la place de son maître Henri le Jeune) ; puis l'Église, par besoin financier, accepte le rachat pur et simple. En 1213, dans sa bulle Quia major, Innocent III prescrit d'accepter les vœux de tous (sauf des religieux), même s'ils ne sont pas aptes à la croisade (femmes, vieillards, malades, etc.), quitte à accorder des ajournements ou à les commuer par la suite, ou à en accorder le rachat pour une somme équivalente aux frais de l'expédition. Cette pratique entraîne vite des abus et suscite des critiques envers la curie romaine.

Le croisé ne part pas seul : s'il est d'un certain rang, il emmène avec lui parents, alliés ou amis, mais aussi, à ses frais, vassaux, dépendants et serviteurs soldés par lui. Ils sont eux aussi des croisés, et comme tels admis aux privilèges, peu à peu précisés. Les armées croisées sont donc formées de volontaires, de pénitents, de vassaux, mais aussi de mercenaires, aux motivations diverses.

III. Les motivations

Ces motivations peuvent d'ailleurs se combiner. On ne peut pas exclure une part de mobiles matériels, même pour la première croisade, malgré le coût très élevé du voyage et de l'équipement, qui conduit les familles du croisé à vendre ou gager tout ou partie de leur domaine. Les princes tels que Godefroy, Étienne de Blois, Raymond de Saint-Gilles ou Robert de Normandie (qui a remis à son frère la garde de son duché pour cinq ans contre 10 000 marcs d'argent) ont peu à gagner outremer. En revanche, des personnages moins huppés peuvent caresser l'espoir d'y acquérir des domaines et une promotion sociale. Certains y sont parvenus ; on en a quelques exemples. D'autres, simples guerriers, peuvent espérer s'enrichir du butin pris sur l'ennemi. Mais ce sont là motivations secondes. Le matérialisme n'est pas, loin s'en faut, une explication satisfaisante aux départs.

Les mobiles spirituels sont à coup sûr prépondérants : certains partent en pèlerins-pénitents, sur prescription ecclésiastique, pour obtenir la rémission de leurs péchés confessés. Dès 1095, on l'a vu, la croisade se substitue à toute autre pénitence. On ne peut encore parler d'indulgence à ce propos. Par la suite (cf. plus loin), la notion d'indulgence se précise.

Autres motivations : l'attrait de l'Orient et le goût de l'exotisme (discutables), mais surtout l'amitié, le compagnonnage, la fidélité vassalique, qui pousse un vassal à accompagner son seigneur. Il faut avant tout faire une large place à la foi, comprise par les guerriers de l'époque comme une relation d'amour de type vassalique, un engagement des fidèles envers leur Seigneur qui les a sauvés de la mort et attend d'eux en retour un service armé destiné à le venger, à rétablir son honneur lorsqu'il est méprisé par ses ennemis infidèles, à rétablir ses droits sur son héritage spolié et son tombeau profané. Les guerriers qui servent ainsi leur Seigneur donnent leur vie par amour pour Lui et pour leur prochain, leurs frères chrétiens, en une guerre sainte qui mérite récompense : la notion de martyre des guerriers morts en ces combats en découle tout naturellement, même si elle n'est pas encore clairement affirmée dans la doctrine ecclésiastique à l'époque de la première croisade. Il faut enfin faire une place, dans ces motivations, à un élément souvent négligé : l'espérance eschatologique, sur laquelle nous reviendrons plus loin.

IV. Statut et privilèges du croisé

Dès 1095, selon la promesse d'Urbain II, l'Église accorde au croisé ce qu'elle accordait au pèlerin : la protection de l'Église sur sa personne, sa famille et ses biens. Cette législation se précise plus encore par la suite. En 1145, le croisé est soustrait aux tribunaux laïcs et relève désormais de la juridiction ecclésiastique ; en 1147, le pape Eugène III ajoute à cette protection un moratoire sur les intérêts des dettes contractées (particulièrement auprès des juifs), et la suspension de tous les procès en cours contre les croisés. Au XIIIe siècle, ils sont exemptés de toute aide, taille ou taxe. Innocent III, dans la constitution conciliaire *Ad liberandam* faisant suite au concile de Latran, précise l'étendue de ces privilèges.

L'Église a toutefois du mal à faire respecter cette législation. Elle ne dispose pour cela que des armes spirituelles, excommunication ou interdit. Encore la papauté hésite-t-elle à en user contre de puissants personnages dont elle a besoin ou qu'elle peut redouter. Ainsi, lorsque l'empereur Henri VI tient prisonnier pendant plusieurs mois le roi Richard Cœur de Lion revenant de la troisième croisade, le pape Célestin III ne prend contre lui aucune mesure, car il craint ses représailles sur le patrimoine de saint Pierre. Aliénor d'Aquitaine lui en fait vertement le reproche, sans succès.

V. L'indulgence de croisade

La question de l'indulgence de croisade a fait couler beaucoup d'encre et divise encore les historiens. Quel sens faut-il lui donner ? Y a-t-il ou non évolution de cette doctrine et, si oui, quelle en est l'ampleur ?

Le terme *indulgentia* peut se révéler trompeur : dans les plus anciens textes, le mot est employé dans le sens de pardon. Dès 878, Jean VIII affirme que ceux qui viendraient à mourir pour défendre l'Église de Rome menacée par les pirates sarrasins pourront obtenir "le pardon de leurs fautes" *(indulgentia delictorum)*.

Urbain II donne à son appel le même sens : il ne proclame pas une "indulgence de croisade", mais affirme que l'expédition armée, prescrite aux guerriers "en rémission de leurs péchés", sera tenue pour pénitence suffisante et se substituera donc à toute autre pénitence que pourrait leur avoir imposée l'Église dont ils sont fidèles.

Contrairement à ce qui est parfois affirmé, Urbain II ne dit pas que cette équivalence est accordée à cause de son caractère de pénibilité. On peut tout aussi bien supposer que cette valeur lui vient de sa double sacralité due au pèlerinage à Jérusalem (qui suffirait à lui seul) et de guerre sainte (qui implique récompense spirituelle). Il en existe des précédents bien avant la croisade, en particulier chez Grégoire VII. Selon Guibert de Nogent (entre 1104 et 1108), Urbain II aurait lui-même développé ce thème de la guerre sainte procurant le salut. Guibert, en tout cas, l'exprime clairement. Bernard de Clairvaux n'innove donc pas lorsqu'il fait de la croisade une occasion de salut dont il faut profiter, capable d'assurer la rémission des péchés en récompense de l'action guerrière entreprise. L'emphase et la précision sont nouvelles, mais pas le contenu.

La bulle d'Eugène III (*Quantum predecessores*, 1er décembre 1145) répète et prolonge le décret de Clermont, et attribue la rémission des péchés confessés à ceux qui mèneront à bien l'entreprise ou qui y trouveront la mort, obtenant ainsi la récompense de la vie éternelle :

> "Nous leur concédons la rémission et l'absolution de leurs péchés, telles qu'elles ont été instituées par notre même prédécesseur (= Urbain II, nommé plus haut) : de la sorte, celui qui entreprendra avec dévotion un pèlerinage aussi saint et qui l'accomplira, ou qui mourra en l'accomplissant,

obtiendra l'absolution de ses péchés, s'il les a confessés d'un
cœur contrit et humilié. Et il recevra de celui qui donne à tous
leur salaire le fruit de la récompense éternelle."

En 1169, Alexandre III, par la bulle *Inter omnia*, appelle les chrétiens à venir en aide à leurs frères d'Orient, et renouvelle les mêmes promesses, se référant à *"cette dispense de la pénitence prescrite par le ministère d'Urbain et Eugène"*. Toutefois, le pape ajoute que celui qui se rend en Terre sainte pour la défendre devra rester au moins deux ans pour combattre pour l'amour du Christ. Celui-là pourra se réjouir *"d'avoir obtenu la remise de la pénitence qui lui avait été enjointe. Ce voyage lui tiendra lieu de satisfaction pour la rémission de ses péchés"*. Cette formulation souligne que pour le pape la croisade a plus de valeur que le seul pèlerinage. Il s'agit toujours d'une commutation de pénitence, mais le pèlerinage seul ne suffit plus à lui donner valeur plénière : il faut pour l'obtenir lui adjoindre un service militaire de deux ans. Ceux qui ne servent qu'un an obtiendront seulement la moitié de la satisfaction. La notion d'indulgence commence à poindre.

En 1181, sa bulle *Cor nostrum* va dans le même sens : les mêmes rémunérations spirituelles sont accordées à ceux qui visitent le tombeau du Christ et se mettent pour deux ans à la disposition des barons de Terre sainte pour y combattre.

En 1197, par la bulle *Cum ad propulsandam*, Célestin III rappelle que la pleine rémission de la pénitence imposée par l'Église sera accordée, comme l'ont établi ses prédécesseurs, à tous les croisés, qu'ils vivent ou meurent en chemin :

"qu'ils survivent ou qu'ils périssent, ils obtiendront la remise
de la satisfaction qui leur avait été imposée pour tous les
péchés qu'ils auront dûment confessés."

La croisade, encore et toujours, se substitue donc à toute autre pénitence et a ainsi valeur pleinement suffisante, pour ne pas dire encore satisfactoire. Mais le pape ouvre une nouvelle voie vers la définition de l'indulgence qui va prévaloir, en ajoutant que ceux qui auront participé financièrement au secours de la Terre sainte *"recevront le pardon de leur faute conformément à la décision des prélats dont ils relèvent"*.

En 1215 *(Ad liberandam)*, Innocent III avance plus encore dans ce sens, en graduant la valeur des "indulgences" ainsi obtenues :

"Nous accordons le plein pardon de leurs péchés à tous ceux
qui entreprendront cette tâche en personne et à leurs frais

> pourvu que, de ces péchés, ils aient eu une vraie contrition de cœur et qu'ils s'en soient confessés, et nous leur promettons l'accroissement du salut éternel promis à la rétribution des justes.
>
> "À ceux qui ne s'y rendront pas en personne mais qui y enverront à leurs frais, selon leurs possibilités et leur rang, des gens idoines, et à ceux aussi qui, bien qu'aux frais d'autrui, s'y rendront en personne, nous accordons le plein pardon de leurs péchés.
>
> "Nous voulons aussi que participent à cette rémission, selon la qualité de leur aide et l'ardeur de leur dévotion, ceux qui contribueront de leurs biens, de façon convenable, au secours envoyé à la Terre sainte, ou bien qui donneront de façon opportune leur conseil et leur aide (...)."

Jacques de Vitry, dans un sermon de croisade, énonce clairement cette conception de l'indulgence qui va prévaloir : elle libère les âmes des peines du purgatoire.

> "S'ils meurent au service du Christ, ils sont considérés comme de vrais martyrs, libérés des péchés véniels et mortels, de toute pénitence qui leur fut imposée, absous de la punition de leurs péchés en ce monde, de la peine du purgatoire dans l'autre, exempts des tourments de l'Enfer, couronnés de gloire et d'honneur dans une éternelle béatitude. Les épouses et les enfants bénéficient de ces faveurs s'ils participent aux dépenses (...). Donc, n'ayez aucun doute que le pèlerinage apporte non seulement à vous-même la rémission de vos péchés et la récompense de la vie éternelle, mais aussi à vos épouses, enfants et parents, vivants ou morts, tout le bien que vous pourrez faire au cours du voyage."

On a vu plus haut que le même Innocent III souligne, dès 1213, que la croisade en Terre sainte a une plus grande valeur méritoire que la guerre contre les cathares :

> "Ceux qui ont pris la croix et ont proposé d'aller combattre les hérétiques en Provence mais ne sont pas encore passés aux actes doivent être soigneusement persuadés de faire l'effort d'entreprendre le voyage de Jérusalem parce que cette action est plus méritoire."

Par la suite, théologiens et canonistes cherchent à définir plus précisément l'indulgence. La croisade, disent-ils, a pleinement valeur satisfactoire car la pénitence la plus grande consiste à mettre sa vie en péril pour le Christ en combattant ses ennemis. Il s'agit en fait d'une "indulgence de guerre sainte", car elle est accordée aussi à ceux qui combattent les ennemis de la chrétienté ou de la foi ailleurs qu'en Terre sainte *(Hostiensis)*. En 1245, par exemple, le pape accorde pleine indulgence à ceux qui vont combattre les Prussiens, sans même qu'il y ait prédication de croisade de la part du pape :

> "Nous concédons l'indulgence et les privilèges octroyés à tous ceux qui vont à Jérusalem, à tous ceux qui, en Allemagne, en réponse aux appels des Chevaliers teutoniques et sans prédication publique, prennent le signe de la Croix et souhaitent venir en aide aux fidèles contre la Barbarie des Prussiens."

Ainsi, comme le souligne Jean Richard, l'extension des privilèges s'est toujours faite par référence à ce qui a été attribué à l'expédition de Jérusalem, qui demeure le modèle et la norme. Ces dérives, qui mènent à la vente des indulgences, altéreront peu à peu le caractère initial de ce que l'on nomme de manière quelque peu abusive l'indulgence de croisade.

VI. La croisade comme institution

Pour éviter des mouvements populaires incontrôlables et souvent subversifs (il y en eut toutefois, on l'a vu, dans la première croisade, et on le verra encore au XIIIe siècle avec les "croisades" des enfants et des pastoureaux), la papauté a constamment cherché à réglementer la croisade par la définition de plus en plus précise de ses traits constitutifs : prédication, vœux, prise de croix, organisation, financement, indulgences, privilèges et statut juridique des croisés, etc. Peu à peu, la croisade devient une institution dont les traits sont fixés de manière quasi définitive par Innocent III en 1215.

Les instructions aux clercs et les manuels de prédications indiquent les thèmes majeurs à développer, les privilèges et le statut des croisés sont déterminés, les indulgences attribuées aux participants sont désormais bien précisées en fonction de l'ampleur de leur engagement matériel (et pour tout dire financier), et l'Église a pris en main le financement de la croisade en accordant aux souverains le droit de lever des taxes et contributions de croisade (cf. financement). Les papes se préoccupent aussi de guerre économique, en interdisant tout commerce de matériels stratégiques (armes, bois) avec les Sarrasins en temps de croisade, voire un embargo total, ou en proclamant le blocus de l'Égypte. Ces interdictions sont souvent tournées par les cités maritimes italiennes.

Au XIIIe siècle, les canonistes élaborent a posteriori une théorie juridique de la croisade très favorable à la papauté. Elle justifie son utilisation contre tous ses adversaires, infidèles, païens, hérétiques, schismatiques ou adversaires politiques. Cette définition, fondée sur l'indulgence conférée et sur les traits institutionnels développés par les papes, transforme ainsi en croisade toute guerre désignée comme telle par la papauté, sans lien aucun avec la Terre sainte, Jérusalem ou le pèlerinage, liens qui avaient pourtant conféré à l'entreprise ses traits particuliers de sacralité et en faisaient plus qu'une guerre sainte.

VII. Le financement de la croisade

Le financement du départ d'un chevalier incombe d'abord au croisé lui-même, à moins qu'il soit pris en charge par son seigneur qu'il accompagne dans son voyage.

Le coût d'un tel départ est très élevé : en 1096, on l'estime à quatre ou cinq fois le revenu annuel du chevalier. Pour y faire face, les familles empruntent, s'endettent, gagent ou vendent des terres, ou renoncent à des "exactions" ou à des taxations sur des terres ecclésiastiques convoitées ou revendiquées par ces seigneurs laïcs. Les chartes de départ fournissent à ce sujet de très nombreux témoignages. Ces mises en gages (souvent des ventes déguisées) auprès du seigneur du croisé ou auprès de monastères liés à sa famille, contribuent à accroître la propriété seigneuriale et ecclésiastique. Les rois en profitent parfois. Ainsi, en 1101, Harpin de Bourges vend sa vicomté au roi de France Philippe Ier, qui prend pied pour la première fois au sud de la Loire. Les monastères en sont plus encore bénéficiaires : en 1096, Godefroy de Bouillon, vend son domaine à l'évêque de Liège qui obtient la somme nécessaire en monnayant les joyaux des reliquaires de son diocèse.

Ce financement improvisé des premiers croisés est d'autant plus coûteux qu'il intervient, en France surtout, après plusieurs années de mauvaises récoltes dues à la sécheresse et que les nombreuses aliénations de biens font baisser leurs prix. Ce n'est pas à dire que des "pauvres chevaliers" ne sont pas partis : ils ont pu être pris en charge par des seigneurs ou amis plus riches ; d'autres, plus pauvres encore, et de nombreux piétons, dans les armées de Pierre l'Ermite comme dans d'autres, ont obtenu des subsides par collectes ou bien, on l'a vu, par intimidation ou rapines.

Une première ébauche d'organisation apparaît lors de la deuxième croisade. Le pape incite les églises à prêter aux croisés s'ils n'ont pas obtenu de leur seigneur les subsides nécessaires. Les rois aussi en bénéficient, qui aident à leur tour leurs vassaux. Louis VII reçoit ainsi un don de 400 marcs d'argent du monastère de Fleury-sur-Loire. Il lève par ailleurs, pour la première fois, une aide sur ses sujets, que les barons de France ont sans doute adoptée. Le départ du seigneur pour la croisade constituera plus tard, avec le mariage de sa fille, l'adoubement de son fils et sa propre rançon, la dernière application de l'aide aux quatre cas.

En 1166, Louis VII et Henri II établissent une taxe sur la richesse qui préfigure la dîme saladine, prélevée en 1188 lorsque les rois de France et d'Angleterre se croisent avec Philippe de Flandre. Elle soulève en France et en Angleterre une très vive opposition, et Philippe Auguste doit s'engager à ne plus jamais en percevoir une autre.

En 1184, le pape Lucius III demande à ceux qui ne partent pas en croisade une aide financière assortie d'une indulgence valant réduction de leurs pénitences (les pauvres s'acquittent par des prières). À la même date, Henri II et Philippe Auguste décident de percevoir pour la croisade, pendant dix ans, une dîme sur leur clergé (à l'exception des cisterciens et des chartreux qui contribuent par un "don volontaire"), malgré les protestations de celui-ci. Cette dîme est variable : en 1199, elle est fixée à $1/30^e$ des revenus. Innocent III la réduit à $1/40^e$, mais le Saint-Siège montre l'exemple en se taxant lui-même pour $1/10^e$. Le même Innocent III, en 1215, porte cette dîme à $1/20^e$ de tous les revenus ecclésiastiques, pendant 3 ans. En France, elle atteint $1/20^e$, puis $1/10^e$ pendant 3 ans en 1248, $1/10^e$ (décime) en 1255 et en 1274, pendant 5 ans.

Les rois et les princes s'attribuent vite la perception de ces décimes, qui rapportent des sommes considérables, et les détournent parfois de leur destination, imités en cela par la papauté. Grégoire IX, par exemple, utilise pour sa guerre contre Frédéric II une partie du décime versé pour la croisade contre les Albigeois, que l'on peut elle-même considérer comme une déviation. Ces abus et détournements de fonds soulèvent de nombreuses critiques et contribuent à déconsidérer la croisade et la papauté.

Une autre source de financement provient des collectes, et plus encore des commutations de vœux, comme on l'a vu plus haut : en 1215 (Latran IV), Innocent III demande aux princes qui ne partent pas en croisade de fournir à leur frais des combattants pendant trois ans. En 1235 et en 1274, les papes ont tenté d'instituer une sorte de contribution généralisée d'un sou par semaine et par personne ne partant pas à la croisade, assortie d'une indulgence de deux ans. Cette somme, bien trop élevée, n'a jamais été perçue.

En 1248, Saint Louis prend en main le financement de la croisade : il obtient du concile de Lyon (1245) le droit de percevoir pendant trois ans le décime sur le clergé. On estime que l'Église de France a ainsi contribué pour les deux tiers aux dépenses de Saint Louis pour la croisade (environ 1 500 000 livres tournois, soit l'équivalent de six années de ses revenus annuels). S'ajoutent à la contribution du clergé le produit des biens confisqués aux hérétiques et les sommes extorquées aux juifs, ainsi que diverses contributions plus ou moins volontaires. Avec ces sommes considérables, Saint Louis peut prêter de l'argent aux princes (son frère Alphonse par exemple ou Édouard d'Angleterre), subvenir aux besoins de nombreux vassaux et chevaliers, et organiser l'approvisionnement des croisés à Chypre.

VIII. Les effectifs

La question des effectifs divise encore les historiens. Jusqu'au XIXe siècle, on admettait sans broncher les évaluations élevées des chroniqueurs (120 000 à 360 000 hommes pour la première croisade, de loin la mieux attestée). Au XXe siècle, par réaction, les historiens les ont radicalement rejetées, ramenant ces effectifs à moins de 5 000 chevaliers (F. Lot et S. Runciman), pour trois raisons : 1. Les chiffres élevés semblaient inacceptables compte tenu des effectifs relativement faibles des chevaliers (*milites*, assimilés à des nobles) des armées féodales de la même époque en Occident ; 2. Une telle quantité d'hommes aurait posé, dit-on, des problèmes d'intendance insolubles ; 3. Les nombres mentionnés semblaient irréalistes et fantaisistes ou (comme il arrive souvent dans certains textes médiévaux) symboliques ou allégoriques.

Les deux premières raisons ne sont pas convaincantes. On sait aujourd'hui qu'avant le XIIe siècle, on ne peut confondre noblesse et chevalerie. Les chevaliers *(milites)* de la première croisade ne sont pas tous des nobles : ce sont des guerriers à cheval. D'autre part, on ne peut comparer les effectifs des conflits féodaux à ceux d'une croisade qui, comme la première au moins, a attiré pour des motifs mentionnés par ailleurs un nombre considérable de croisés de toutes les régions d'Europe occidentale. Quant aux problèmes d'intendance, ils sont réels, et ont en effet posé de très grosses difficultés tout au long du chemin et plus encore à Antioche : pillage, disette et famine. Ces faits ne s'opposent nullement, au contraire, à l'existence de très grandes armées, inhabituelles pour l'époque, comme en témoignent tous les chroniqueurs, latins aussi bien qu'orientaux. Enfin, par l'étude systématique de tous les nombres mentionnés chez les chroniqueurs de la première croisade (événement le mieux attesté de toute l'histoire médiévale), je crois avoir démontré ailleurs que ces nombres ne sont ni fantaisistes ni aléatoires ni symboliques : leur intention informative est bien réelle.

Reste, bien sûr, à estimer le niveau de leur valeur informative. Les chroniqueurs n'avaient évidemment pas les moyens "techniques" d'évaluer, comme nous, des foules immenses. Pourtant, on constate que la marge d'incertitude de leur évaluation (par exemple 120 000 à 360 000, soit une "fourchette" d'incertitude de 1 à 3) est du même ordre, voire meilleure, que celle de nos contemporains lorsqu'ils évaluent les foules dans des manifestations de masse, malgré les moyens actuels de notre civilisation du nombre. Ils se montrent souvent très précis dans les estimations de contingents partiels, d'évaluation plus aisée.

Ces considérations conduisent à réévaluer, cette fois à la hausse, les très faibles effectifs admis naguère par F. Lot ou par S. Runciman, suivis par la plupart des historiens, pour la première croisade du moins, qui présente des traits tout à fait particuliers. Plusieurs historiens (J. Flori, J. France) les évaluent aujourd'hui à environ 100 000 hommes, ce qui correspond grosso modo à l'estimation basse des chroniqueurs. J. Riley-

Smith, l'un des plus réticents à des évaluations élevées, admet qu'il restait environ 43 000 hommes lors du siège de Nicée, après l'extermination de la plupart des croisés de la vague "populaire", qu'il estime (sans preuve) aussi nombreuse que la deuxième (ce qui me paraît en revanche excessif). Les chevaliers représentant pour lui environ 10% du total, on aboutirait à un effectif d'environ 90 000 hommes, dont environ 9 000 chevaliers. Après l'étude des contingents réduits et des pertes comptabilisées, qui ont pu dépasser les deux tiers de l'effectif, je pense qu'il s'agit là d'une évaluation minimale. On peut avancer un effectif total de 90 000 à 120 000 croisés, dont 10 à 15 000 chevaliers.

La troisième vague (l'armée de secours de 1101) est souvent considérée, à tort selon moi, comme aussi forte que la deuxième. Jean Richard admet 50 000 à 160 000 morts ou captifs, sans compter les pertes des armées de Guillaume de Nevers, de Guillaume d'Aquitaine et de Welf de Bavière. Ces chiffres me semblent, cette fois, totalement irréalistes. Un étude sérieuse s'impose sur ce point.

La deuxième croisade a donné lieu à des évaluations tout aussi divergentes : si l'on en croit les sources byzantines, l'armée de Conrad s'élevait à 900 000 hommes, chiffre absurde trois fois plus élevé que ceux des chroniqueurs de la première croisade, pourtant manifestement supérieure à celle-ci. Certains historiens ont avancé un chiffre de 70 000 hommes, sans aucune étude particulière ni preuve. Là encore, les études sérieuses font défaut.

La troisième croisade, d'abord envisagée par voie de terre, opte finalement pour la voie maritime : Frisons et Danois ont fait ce choix dès l'origine, Anglais et Français (les plus nombreux) les imitent. Frédéric et les siens sont les seuls à suivre la voie terrestre. Les textes lui attribuent 100 000 hommes. Si l'on applique à ces chiffres la "fourchette" (il est vrai très précise) d'évaluation des chroniqueurs de la première croisade (1 à 3), on pourrait admettre pour cette armée un nombre de 30 000 hommes. Jean Richard lui en attribue seulement 15 000, dont 3 000 chevaliers, ce qui semble cette fois vraisemblable. On peut espérer une meilleure précision des croisés français : Philippe Auguste, en effet, offre 5 850 marcs d'argent aux marins génois pour transporter 650 chevaliers, 1 300 écuyers et 1 300 chevaux. Les historiens ne s'accordent pas sur les effectifs de Richard Cœur de Lion, qui dispose d'une flotte de cent navires. Les uns estiment (ils ont sans doute raison) son armée supérieure, d'autres inférieure à celle de Philippe.

La croisade de Henri VI, en 1197, est composée seulement de combattants : 250 navires les transportent, ce qui peut conduire à une évaluation de 16 à 20 000 hommes, voire davantage, dont 4 000 chevaliers et au moins autant de chevaux.

Lors de la quatrième croisade, les croisés se sont engagés auprès des Vénitiens. Pour une somme de 85 000 marcs, ils devaient transporter 4 500 chevaliers, 9 000 écuyers et 20 000 fantassins. Ce chiffre n'a pas été atteint, on le sait, par suite des défections mais aussi parce que de nombreux croisés, se méfiant de Venise, ont choisi de se rendre en Terre sainte par leurs propres moyens.

En 1248, Saint Louis semble disposer de 15 à 20 000 combattants, dont 2 500 à 2 800 chevaliers. Lors de sa dernière croisade, ses effectifs sont estimés par les chroniqueurs musulmans à 37 000 combattants, dont 7 000 chevaliers. À cause de la désaffection supposée des chevaliers français (en particulier celle de Joinville), on pense qu'elle a attiré moins de croisés que la précédente : 15 000 hommes pourrait être un chiffre acceptable, mais les documents sont insuffisants pour fournir une base sûre.

En tout état de cause, il est certain que les croisades empruntant la voie maritime (les seules pour lesquelles une comptabilité est possible) ont rassemblé un nombre bien moindre de croisés que les expéditions terrestres, ne serait-ce qu'à cause du coût très élevé du passage et de la capacité réduite des navires qui, on l'a vu, on parfois dû laisser sur le quai de nombreux hommes faute de place. La première croisade semble de loin celle qui a rassemblé le plus grand nombre de participants. Les motivations eschatologiques ont pu contribuer à son succès exceptionnel.

IX. Croisade et eschatologie

Guibert de Nogent est le seul chroniqueur "français" à mentionner, dans le discours mobilisateur d'Urbain II à Clermont, une allusion à l'espérance eschatologique. Les prophéties, aurait-il dit, annoncent que l'Antichrist viendrait à la fin des temps combattre les fidèles à Jérusalem. Ce n'est possible que si les guerriers chrétiens sont présents dans cette région pour s'opposer à lui. Guibert aurait-il ajouté de son propre cru cette allusion dans sa reconstitution du discours papal ? Ce n'est pas totalement impossible, mais fort douteux, à une date ou l'on sait que l'Antichrist n'a pas paru et que le retour du Christ est encore à venir.

D'autres sources, allemandes en particulier, signalent cette motivation chez les croisés. Pierre l'Ermite y faisait très probablement allusion dans ses prédications et les pogroms antijuifs d'Emich, en Rhénanie, avaient très probablement pour but de convertir par la force les juifs, afin de réaliser les prophéties qui, pensait-on, annonçaient cette conversion comme devant inaugurer les temps de la fin. De très nombreux manuscrits, au XIe siècle, mentionnent ces prophéties relatives à l'apparition de l'Antichrist qui, rassemblant ses infidèles, viendrait combattre près de Jérusalem les fidèles du Christ revenu. Plusieurs ajoutent que peu de temps auparavant, un "roi des Grecs et des Latins" rassemblerait derrière lui les chrétiens pour aller à Jérusalem et remettre au Christ revenu sa couronne, sur le mont des Oliviers. Alors viendrait un temps de tribulations, suivi de la victoire du Christ sur l'Antichrist, et de l'instauration du royaume de Dieu, de la descente sur terre de la Jérusalem céleste.

Ces prophéties, utilisées par les prédicateurs dans un climat émotionnel, assorti de signes célestes et de miracles ou prétendus tels, ont très certainement eu un grand impact mobilisateur sur des populations pour lesquelles la fin de ce monde était une certitude programmée par Dieu, une espérance autant (ou plus) qu'une crainte. Les éléments "miraculeux" de la première croisade, la découverte de la Sainte Lance, la victoire inattendue des chrétiens à Antioche, la prise de Jérusalem, les massacres qui y sont accomplis, les liturgies conduites par Pierre l'Ermite lors de l'ultime bataille d'Ascalon s'accordent pleinement avec cette espérance. La déception résultant de l'absence de tout retour du Christ a très bien pu entraîner la suppression de toute allusion à cette espérance déçue dans les discours mobilisateurs reconstitués après coup par les chroniqueurs.

On a grand tort, sous l'influence de B. MacGinn, de minimiser cette attente eschatologique, qu'il ne faut pas confondre avec les prétendues "terreurs de l'an mil", invention du XIXe siècle qui a contribué à la discréditer chez nos contemporains, trop peu imprégnés de culture biblique pour en apprécier l'impact sur les populations médiévales de tout genre, et pas seulement, comme on le dit souvent, sur "quelques moines", comme l'a montré R. Landes.

75

Dans la deuxième croisade, on retrouve des allusions à un climat émotionnel et à la présence de signes et miracles proches de la précédente, sans que l'on puisse les relier à une attente eschatologique que la prédication antisémite de Raoul rend seulement plausible. Elle est plus vraisemblable lors de la troisième croisade, bien que les textes n'en fassent pas directement état. Pourtant, on sait que Frédéric Barberousse, qui avait déjà pris part à la deuxième croisade, entreprend la troisième pour des mobiles divers : par piété personnelle certes, mais aussi par responsabilité de l'empereur à l'égard de toute la chrétienté, qu'il a mission de protéger et d'étendre. Frédéric s'inspirait probablement aussi du mythe eschatologique du dernier empereur, très répandu en Allemagne.

Richard Cœur de Lion témoigne lui aussi d'une solide connaissance concernant les temps de la fin. Selon ses chroniqueurs, dans son entrevue avec le moine prophète-visionnaire Joachim de Flore lors de son escale de Sicile, ce thème aurait été abordé par les deux hommes à propos de la troisième croisade. Commentant le chapitre XII de l'Apocalypse (la femme menacée par le dragon à sept têtes et à dix cornes), ils y voient, comme presque tous les commentateurs de l'époque, l'annonce des persécutions de l'Église par le diable et ses suppôts : elles doivent durer 1 260 années. Les sept têtes du dragon symbolisent sept puissances persécutrices de la vraie foi. Joachim croit pouvoir mettre un nom sur ces sept têtes. Ce sont les princes païens de l'Antiquité, relayés par les princes musulmans : Hérode, Néron, Constance, puis Mahomet, Melsemut (mal identifié), Saladin, et enfin l'Antichrist en personne. Richard vit donc, selon lui, l'avant-dernière époque du monde, et se doit de combattre Saladin, dont la fin prédite est proche :

> "L'une de ces têtes est bien Saladin, qui aujourd'hui opprime l'Église de Dieu, et la réduit en esclavage, avec le sépulcre du Seigneur et la sainte cité de Jérusalem, comme aussi la terre foulée jadis par les pieds du Christ. Et ce Saladin va perdre très prochainement son royaume de Jérusalem, et il sera tué (...)".

Puis, le moine, se tournant vers le roi d'Angleterre, déclare :

> "C'est à toi que le Seigneur a destiné la réalisation de toutes ces prophéties, et il permet qu'elles s'accomplissent par toi. Il te donnera la victoire sur tous tes ennemis, et Lui-même glorifiera ton nom pour l'éternité."

Richard aurait voulu en savoir davantage et aurait questionné Joachim pour qu'il précise quand tout cela serait réalisé. La réponse de l'ermite était relativement encourageante, car elle fixait la fin de Saladin sept années après la prise de Jérusalem (1187), c'est-à-dire en 1194.

La mission de Richard est donc claire, selon Joachim : il est mandaté par Dieu pour abattre la puissance de Saladin, la sixième tête du dragon persécuteur de l'Église. S'ouvriront alors les temps de la fin, marqués par la venue de l'Antichrist.

Richard a sur ce point une interprétation différente, issue d'une tradition bien établie depuis le Xe siècle par le moine Adson de Montier-En-Der dans son traité sur l'Antichrist qui avait déjà inspiré les premiers croisés : celle-ci met l'accent sur les liens étroits entre l'Antichrist, Jérusalem et les Juifs ; celle de Joachim relie l'Antichrist à Rome, à la papauté et aux musulmans. Les deux interprétations se rejoignent cependant sur un point capital : l'apparition de cet Antichrist est sans doute imminente, et précède de peu le retour du Christ à Jérusalem et le jour du jugement. Richard aurait pu ainsi se percevoir comme le bras armé de Dieu abattant la sixième tête du dragon, hâtant du même coup l'irruption du royaume de Dieu.

On retrouve encore des éléments eschatologiques dans la cinquième croisade. Joachim de Flore, à nouveau, annonçait la fin prochaine de l'islam. Dans l'encyclique *Quia major* (1213), Innocent III présente la croisade comme une occasion de salut pour les hommes qui pourraient y mourir en martyrs au lieu de périr ailleurs dans leurs péchés. Puis il évoque la fin prochaine de l'islam et de son faux prophète (dans une soixantaine d'années) annoncée selon lui par le "chiffre de la Bête" mentionné dans l'Apocalypse de Jean :

> "À l'époque de saint Grégoire encore, presque tous les pays musulmans actuels appartenaient à des peuples chrétiens. Mais depuis lors, un Fils de Perdition, le pseudo-prophète Mahomet, s'est levé ; il a séduit beaucoup d'hommes en les détournant de la vérité, par l'attrait du monde et par les voluptés charnelles. Sa fausse foi a continué à s'étendre jusqu'à nos jours ; mais nous avons confiance dans le Seigneur qui nous a déjà donné un signe favorable de ce que la fin de cette Bête approche, puisque le nombre de la bête est 666 dans l'Apocalypse de saint Jean, et que déjà près de 600 ans se sont écoulés."

La dimension eschatologique n'est donc pas absente, même dans une encyclique très officielle du pape. Elle l'est encore au cours même de la croisade : la prise de Damiette, en 1219, crée un gros émoi chez les musulmans et stimule les espérances eschatologiques des chrétiens orientaux. Des écrits pseudo-prophétiques, rédigés en arabe, naissent à ce moment : la chute de Damiette y est annoncée comme devant être suivie de l'apparition de l'Antichrist, tandis que deux rois chrétiens viendraient anéantir l'islam. Ces espérances eschatologiques, très vives chez les nestoriens et jacobites, ont été transmises au pape par Pelage. Elles peuvent expliquer la confiance excessive de celui-ci et son intransigeance face aux propositions, pourtant très favorables, des musulmans : s'appuyant sur quelques-uns de ces écrits prophétiques, il attend la venue prochaine de Frédéric II et d'un certain "roi David" qui viendrait aider les chrétiens à anéantir l'islam.

Dans sa propre croisade, Frédéric II manifeste lui aussi la croyance eschatologique qui avait déjà motivé son grand père Frédéric Barberousse : en se faisant couronner roi de Jérusalem au Saint-Sépulcre, lui qui possède déjà la couronne impériale, il se fait l'écho des prophéties déjà mentionnées : un roi des Grecs et des Latins viendrait régner dix ans à Jérusalem avant de rendre sa couronne au Christ lors de l'apparition de l'Antichrist, à la fin des temps.

Ainsi, dans presque toutes les croisades, on perçoit (malgré sa déception répétée) l'existence d'une attente des derniers temps liée à la victoire du Christ et de ses fidèles contre l'Antichrist et ses séides, près de Jérusalem. Cette espérance eschatologique, souvent associée à la disparition, que l'on croit prochaine, de l'islam, persiste après la dernière croisade. On cherche alors à convertir les musulmans par des missions plutôt que par la croisade.

X. La réglementation de croisade

Les croisés sont dès l'origine assimilés à des pèlerins, à des pénitents. Ils doivent donc avoir un comportement moral sobre et exemplaire.

Tel n'a pas toujours été le cas. Dès la première croisade, les armées sont accompagnées de marchands, voleurs et prostituées, femmes de mauvaise vie. On les chasse du camp en périodes de crise, et l'on fait souvent pénitence pour faits de luxe et de luxure. Le pillage est admis sur l'ennemi, mais celui de Zara, et plus encore de Constantinople, choque de nombreux croisés.

Au cours de l'expédition, le fossé s'élargit souvent entre les riches et les pauvres, coupables d'ostentation et de vanité. Dès la deuxième croisade, certaines règles apparaissent, qui ne sont pas toujours respectées : elles visent à interdire le luxe excessif, la gloriole, l'ostentation, la "superbe". Pour la troisième croisade, Philippe Auguste et Richard Cœur de Lion se mettent d'accord pour interdire les vêtements trop luxueux, les rixes, les jurons, les jeux. Mais cette réglementation ne vaut que pour les humbles ; les puissants y échappent. Ainsi, le jeu est interdit (et sévèrement châtié) pour les marins, les sergents et les serviteurs, mais autorisé aux chevaliers et aux clercs, à condition que leurs pertes n'excèdent pas vingt sous par jour. Saint Louis tente en vain de faire appliquer le même type de règlement, mais ne parvient pas même à le faire respecter par son propre frère. L'humilité est prônée, mais on constate, dans toutes les croisades, un goût marqué de l'exploit, caractéristique de la chevalerie.

XI. Croisade et chevalerie

Les chroniqueurs, même clercs, rapportent avec émerveillement les faits d'armes des croisés, ceux des princes en particulier, mais aussi de chevaliers moins huppés et même de piétons ou de prêtres qui se mêlaient parfois aux combattants, ce qui suscitait l'étonnement des musulmans et la réprobation des Grecs.

Guibert de Nogent, par exemple, éprouve le besoin d'expliquer à ses lecteurs pourquoi, en 1097, les chevaliers d'Occident, réputés invincibles ont eu tant de peine à vaincre les Turcs. Ce faisant, il donne de précieux renseignements sur les méthodes de combat respectives des deux camps : les chevaliers francs, revêtus de haubert, pratiquent la charge massive, groupés en conrois, lance horizontale fixe. Ils combattent seulement à la lance, puis à l'épée, et dédaignent l'usage de l'arc dans les combats à cheval. Cette méthode nouvelle, propre à la chevalerie, est apparue vers le milieu du XIe siècle et s'est répandue probablement par l'intermédiaire des Normands. Anne Comnène juge leur charge irrésistible. Les Turcs, au contraire, moins lourdement armés, attaquent en files rapides, souvent à l'improviste, usent à cheval d'armes de jet, javelots et flèches, évitent l'affrontement direct, puis s'éparpillent en tous sens, simulant la fuite, incitant ainsi les chevaliers francs à les poursuivre. Tout en fuyant, ils se retournent alors sur leur monture pour décocher leur flèche sur leur poursuivant.

Ce premier contact entre Turcs et Occidentaux entraîne une mutuelle estime, sur le seul plan militaire : les uns et les autres reconnaissent leur vaillance, digne de bons chevaliers. Par la suite, la confrontation de ces deux méthodes donne lieu à de nécessaires adaptations, sans pour autant en changer les fondements.

En croisade comme sur les autres champs de bataille, la chevalerie glorifie ses propres valeurs : force physique, résistance au mal, courage moral, solidarité, vaillance au combat, frôlant parfois l'intrépidité. Les chroniqueurs de la première croisade exaltent ces valeurs, signalant parfois les dangers de leurs excès : ainsi Raoul de Caen reproche à Tancrède et à Robert de Normandie d'être trop téméraires, se comportant plus en chevaliers qu'en chefs. Les chroniqueurs anglais de la troisième croisade font de même à l'égard de Richard Cœur de Lion.

Les exploits individuels sont plus encore relatés, voire amplifiés, par les chroniqueurs laïcs, trouvères et jongleurs qui accompagnent les armées et chantent les exploits de leurs héros. Leurs récits, rédigés d'abord en vers, en langue vernaculaire, donnent de la croisade une image généralement conforme à celle des autres chroniqueurs, mais lui confèrent une coloration nouvelle, mettant l'accent, comme les chansons de geste dont ils partagent la forme littéraire, sur les traits de vie quotidienne des guerriers : combats, faits d'armes, émotions, mentalités, etc.

C'est le cas par exemple de Richard le Pèlerin pour la première croisade, dont le récit ne nous est hélas parvenu qu'à travers le remaniement de Graindor de Douai, à la fin du XIIe siècle, mais aussi de l'Histoire de la guerre sainte d'Ambroise, qui relate avec beaucoup de précision les exploits des participants de la troisième croisade, en particulier ceux de Richard Cœur de Lion, et traduit bien les sentiments, états d'âme et réactions des chevaliers croisés.

La quatrième croisade nous est connue surtout par des récits rédigés en prose, en ancien français, par deux croisés laïcs. Le premier, Villehardouin, reflète le point de vue des princes et des chefs ; le second, Robert de Clari, celui des chevaliers. Leurs deux témoignages, par leur éclairage divergent, se complètent et se corrigent.

La première croisade de Saint Louis (1248), relatée tardivement par Joinville, donne du roi l'image d'un saint, mais fournit aussi de nombreux traits de "mentalité chevaleresque" des croisés. Le comte de Soissons, avec qui il défendit toute une journée un petit pont sous les flèches des musulmans, résume en une phrase ce qu'il retient de la bataille livrée :

> "Par la coiffe Dieu - c'est comme cela qu'il jurait - nous en parlerons encore, vous et moi, de cette journée, dans la chambre des dames."

Il relate aussi la témérité excessive et l'indiscipline du comte d'Artois qui, par sa charge intempestive, causa la déroute des croisés à Mansoura.

XII. Les ordres religieux militaires

En 1119, Hugues de Payns et quelques chevaliers décident de se mettre au service des chanoines du Saint-Sépulcre pour protéger les pèlerins. Ils souhaitent mener en même temps une vie religieuse, et fondent ainsi un ordre inédit de moines-combattants, faisant vœu d'obéissance, de pauvreté et de chasteté, celui des "pauvres chevaliers du Christ". Le roi Baudouin II les installe dans une partie de la mosquée al-Aqsa, sur l'esplanade du Temple de Salomon. On les nommera pour cela les Templiers. Les statuts de leur ordre sont acceptés en 1120 au concile de Troyes. Saint Bernard encourage les vocations, d'abord rares et hésitantes, en écrivant son *Éloge de la chevalerie nouvelle*, dans laquelle il oppose la mondanité de la chevalerie du siècle, indisciplinée et cupide, attachée aux gloires de ce monde, risquant sa vie éternelle en mourant au combat contre des chrétiens, à l'austérité et à la sobriété de cette nouvelle milice, dont les chevaliers gagnent leur salut en combattant l'infidèle. S'ils tuent, écrit-il, c'est pour le Christ : ils ne sont pas homicides, mais malicides. S'ils meurent, c'est en martyrs. Son prestige l'emporte : les engagements se multiplient, et plus encore les donations au nouvel ordre, qui crée en Occident des commanderies rassemblant les hommes et les fonds qui sont périodiquement transférés outremer.

À son imitation, les Hospitaliers de Saint-Jean se militarisent. Ils possédaient près du Sépulcre, depuis 1070 environ, un hôpital destiné à héberger et secourir, éventuellement soigner les pèlerins. Reconnu comme ordre hospitalier en 1113, il se transforme peu à peu en ordre militaire entre 1130 et 1136, sans cesser pour autant ses fonctions hospitalières.

L'ordre de saint Lazare, qui recueillait et soignait les chevaliers lépreux, se militarise à son tour à la fin du XIIe siècle, lors du siège d'Acre (1192) : ces chevaliers lépreux participent aux combats. À la même occasion, des Allemands fondent à Acre un hôpital qui se transforme à son tour en "ordre de Sainte Marie des teutoniques" (chevaliers teutoniques) reconnu par Innocent III en 1199.

Tous ces ordres se vouent désormais principalement à la défense des États latins : ils forment des armées permanentes, bien entraînées et généralement disciplinées, renforcées des contingents des troupes féodales des barons d'outremer et des croisés occasionnels venus servir en Terre sainte de leur propre initiative ou en réponse aux appels pontificaux. Ils participent aux combats et sont seuls capables, grâce à leur renouvellement et aux fonds dont ils disposent, de construire, entretenir et garder les forteresses qui tiennent le pays. Les Hospitaliers, par exemple, ont tenu Bet Gursin, le Crac des chevaliers, Belvoir, Margat ; les Templiers ont gardé Chastel Blanc, Tortose, Beaufort, Safed, Château-Pèlerin ; les Teutoniques, Château-Neuf, Montfort et Castellum Regis. Safed, par exemple, comptait 80 frères chevaliers, 350 guerriers auxiliaires, 820 serviteurs et hommes de peine et 80 esclaves. Ces forteresses, construites par les Latins à la manière des châteaux occidentaux (mais incorporant aussi quelques éléments orientaux issus des villes fortes de l'Antiquité, encore nombreuses en Orient), servent à leur tour de modèles à des constructions occidentale : Château-Gaillard, par exemple, chef-d'œuvre de Richard Cœur de Lion.

Au XIIe siècle, les ordres militaires prennent part, aux côtés des croisés et des armées féodales, à presque tous les combats, encadrant les mercenaires (Turcopoles). À Hattin (1187), ils perdent presque tous leurs effectifs, mais les reconstituent très vite. Au XIIIe siècle, plus encore, ils sont au sommet de leur puissance et contrôlent de nombreuses forteresses ; après 1260, on l'a vu, la plupart de ces places fortes leur échappent. En 1291 ils doivent abandonner la Terre sainte.

Les sommes considérables nécessaires aux ordres en Terre sainte leur viennent des commanderies qu'ils possèdent en Occident, alimentées par les donations et les revenus des terres qui leur sont concédées. Ces commanderies accueillent et forment les nouveaux frères, et servent aussi de maison de retraite pour les anciens. Les fonds sont transférés en Terre sainte par un système de virement de place à place et de change monétaire ; ces opérations monétaires ne font pourtant pas d'eux des banquiers, comme on le répète souvent à tort. En Occident, ils font seulement office de banque de dépôt, de coffres-forts.

L'ordre, très hiérarchisé, est dirigé par un Maître (plus tard un Grand Maître) ; il comprend des frères chevaliers, des sergents d'armes et des frères de métier, voués aux activités matérielles et économiques. Tous sont des laïcs ayant prononcé des vœux, en tant que moines. Seuls les frères chapelains sont prêtres.

La richesse des ordres, le fait qu'ils ne rendaient compte qu'à Rome, leurs relations diplomatiques avec les musulmans, leurs rivalités enfin, les ont fait très souvent accuser de former un État dans l'État, ce qui est très excessif. Ces accusations sont très répandues ; on les taxe d'arrogance, voire d'inutilité après la chute d'Acre en 1291. Ils doivent alors réussir leur reconversion. Certains y parviennent, d'autres pas.

Les Teutoniques, appelés en Prusse en 1230, sont le meilleur exemple d'une telle "reconversion" amorcée dès avant 1291, dans la lutte contre les païens : ils s'installent en Prusse et en Livonie, et en font bientôt une principauté souveraine dont le chef est le Maître de l'ordre. Les Hospitaliers, de leur côté, entreprennent la conquête de Rhodes, qui devient un bastion avancé de la chrétienté, et se muent en véritable puissance navale ; Rhodes résiste aux Turcs jusqu'en 1522, puis les Hospitaliers se retirent à Malte. Les Templiers, eux, n'ont pas réussi leur reconversion : accusés d'hérésie, de sorcellerie et de luxure, ils sont arrêtés en 1307 en France sur l'ordre de Philippe le Bel, et condamnés sur la base d'aveux obtenus sous la torture. Le pape Clément V cède devant le roi et abolit l'ordre en 1312 : ses biens sont transférés aux Hospitaliers.

Malgré les critiques parfois fondées (leurs rivalités en particulier, ont été souvent funestes), les ordres militaires ont joué un très grand rôle dans la défense des États latins pendant près de deux siècles.

XIII. Les villes italiennes et la croisade

Bien avant la croisade, les cités italiennes ont développé des relations commerciales en Méditerranée orientale, en particulier Amalfi et Venise. Leurs marchands y apportaient surtout des matières premières (bois, fer, métaux) ou demi finies (draps, toiles), mais aussi des armes. Ils y achetaient des productions locales (coton, alun) et des produits orientaux (soieries, épices).

Venise avait obtenu à Constantinople, en 1082, une exonération totale des droits et taxes, et la propriété d'entrepôts qui la plaçait en situation de monopole, renforcé encore après 1204. Gênes ne vint la concurrencer qu'après 1261. Amalfi jouissait aussi, à Alexandrie, de privilèges commerciaux importants. En prenant part à la première croisade, Génois en 1098, Pisans en 1099, Vénitiens en 1100, ces cités marchandes italiennes cherchent à obtenir dans les territoires conquis des avantages plus importants encore. Des traités passés avec Gênes en 1104, avec Venise en 1123, attribuent à ces cités le tiers des villes côtières conquises.

Au XIIe siècle, les cités italiennes obtiennent ainsi la possession de "comptoirs", quartiers entiers de villes portuaires avec leurs entrepôts et leurs marchés *(fondaco, fondouqs)*, le droit de juger elles-mêmes les habitants de ces quartiers, et des privilèges commerciaux : abolition ou réduction des taxes. Toutefois, le flux commercial le plus important, jusque vers 1180, continuait à transiter par Alexandrie. Après cette date, les marchandises venant d'Asie aboutissent plutôt en Syrie : dès lors, Tyr, et surtout Acre, devient la plaque tournante du commerce entre l'Orient et l'Occident, et supplante Alexandrie. Venise, Gênes, Pise rivalisent d'efforts pour y obtenir des marchés. Après 1250, la "paix mongole" ouvre à nouveau l'antique route de la soie aboutissant en mer Noire, contournant ainsi le Proche-Orient musulman, sans toutefois affaiblir notablement l'importance commerciale d'Alexandrie.

Les rivalités entre ces cités italiennes (auxquelles il faut ajouter les Provençaux et les Catalans) ont souvent affaibli l'unité des chrétiens face aux musulmans. Ainsi en 1256, la guerre de Saint-Sabas oppose à Acre Vénitiens et Génois, et entraîne une véritable guerre civile impliquant toutes les parties, y compris les barons et les ordres religieux.

Venise l'emporte finalement, et chasse les Génois d'Acre. Gênes, de son côté, s'allia en 1261 aux Grecs pour chasser les Latins et les Vénitiens. Les conflits entre ces cités se prolongent encore au XIVe siècle.

Autre source de profit : le transport des croisés et des pèlerins, dont on a donné plus haut quelques exemples. Venise surtout, mais aussi Pise, Gênes et Marseille ont eu leur part de ces revenus importants.

Les villes marchandes d'Italie ont donc tiré profit des croisades. Il n'est pas certains qu'elles en aient tiré un avantage décisif : les États latins ont certes modifié pour un temps les voies commerciales, favorisant le développement des ports de la côte syro-palestinienne, en particulier Acre, jusqu'à leur destruction par les Mameluks. Mais les cités marchandes d'Italie étaient déjà bien implantées dans la région avant 1095, et se seraient peut-être tout autant enrichies du commerce Orient-Occident si les croisades n'avaient pas eu lieu. Par ailleurs, les cités italiennes ont joué un rôle important dans la conquête et dans la réalisation des croisades, tant par le transport des croisés que par leur suprématie maritime absolue des mers, réduisant à l'impuissance les flottes musulmanes.

XIV. Les États latins de Terre sainte

Les États latins fondés lors de la première croisade se sont établis sur des bases unissant les coutumes locales (préservées au niveau du peuple pour des raisons de politique économique) et les coutumes féodales importées d'Occident, au niveau des gouvernants. L'administration musulmane en place, elle-même héritée des structures byzantines, est conservée. Ceci explique pourquoi les paysans ont assez peu perçu de changement dans leur situation. Ils ont seulement changé de maîtres.

Après la prise de Jérusalem, Daimbert de Pise a peut-être tenté d'instaurer à Jérusalem un État de type théocratique relevant du pape. Il a en tout cas été pris de vitesse par l'aristocratie des croisés, qui ont choisi un "roi", Godefroy de Bouillon. Par piété, ou par diplomatie, il prend seulement le titre d'avoué du Saint-Sépulcre, mais son frère Baudouin devient roi de Jérusalem dès 1101. Les autres principautés latines lui reconnaissent la prééminence.

Les États latins sont des États féodaux, à l'occidentale. Le roi de Jérusalem est moins dépourvu d'autorité qu'on l'a dit. Le royaume est divisé en seigneuries, et le roi y est mieux pourvu en domaines que ses vassaux ; il possède au XIIe siècle quatre baronnies : Jérusalem, Naplouse, Acre et Tyr. Il est aussi plus riche par ses revenus : il perçoit les taxes sur les caravanes (1/24e du prix évalué des marchandises) et sur les marchés, a le monopole de la monnaie jusqu'au XIIIe siècle, ainsi que de certaines activités industrielles (teinturerie et tannerie) ; il a en outre le prestige du titre royal et celui de la protection du Sépulcre. Il remplit donc la fonction d'un suzerain pour les États croisés.

Les exigences de la défense armée des territoires sont cependant trop lourdes pour lui. Il manque d'hommes, malgré un service d'ost très strict : tout vassal, entre 15 et 60 ans, sans restriction de durée, doit se rendre à l'appel du roi. Malgré ces obligations, au XIIe siècle, on estime que le roi de Jérusalem peut disposer seulement dans son royaume d'environ 500 chevaliers et de 5 000 sergents, auxquels il faut ajouter les mercenaires et les ordres militaires. Tous ensemble, les États latins disposent d'environ 2 000 chevaliers.

Au XIIIe siècle, l'affaiblissement des rois s'amplifie, les barons divisés s'appauvrissent aussi, et se retirent souvent sur la côte, abandonnant la défense des forteresses aux ordres religieux militaires. Ceux-ci disposent, à la fin du XIIe siècle, de 500 chevaliers, sans compter les sergents et les turcopoles, mercenaires musulmans convertis. À la bataille de La Forbie, ils fournissent plus de 1 000 chevaliers. Les États latins ont de plus en plus besoin d'eux et du soutien armé de l'Occident.

La défense des États latins dépend plus encore des forteresses que des chevaliers. Les châteaux sont à la fois des centres de résidence, de surveillance, des lieux de refuge devant les raids musulmans, des bases de départ pour les chevauchées et les razzias, et des centres d'exploitation économique : le territoire des alentours fournit ravitaillement, main-d'œuvre et redevances.

Leur valeur stratégique, en revanche, est douteuse : ils ne commandent pas réellement les routes et axes de circulation. Leur coût exorbitant nécessite des fonds énormes, pour leuHr construction comme pour leur entretien, qui pèse lourdement sur les villageois et sur les ordres religieux qui en ont la charge au XIIIe siècle.

XV. Croisade et colonisation

Un vif débat oppose depuis quelques années les historiens à propos des États latins. Peut-on ou non parler à leur propos de colonie franque ?

Il faut exclure la notion de colonisation à propos de la première croisade. On l'a vu, le coût de l'équipement et du voyage interdit de penser que les croisés sont partis pour faire fortune en Terre sainte. Leur but commun était de délivrer les Lieux saints ; pour certains, de participer aux derniers combats de l'Histoire. Le succès, pour le premier groupe, la désillusion pour le second conduisent à un retour en Occident. Rares sont ceux qui restent en Orient, soit pour y vivre, soit pour y mourir près des Lieux saints ou dans une perspective eschatologique.

Après la conquête et les massacres de Jérusalem, la ville (et sa région) est presque déserte. Baudouin Ier tente de la repeupler en faisant venir des chrétiens orientaux de Transjordanie. Pourtant, quelques années plus tard, Foucher de Chartres, dans un texte célèbre, suggère la présence de "colons" francs installés, enrichis et "orientalisés" :

> "Nous qui étions des Occidentaux ; nous voici devenus des Orientaux (...). Nous avons déjà oublié les lieux de notre naissance ; nombreux sont ceux qui les ignorent, et l'on n'en parle plus. Tel possède en ce pays maison et serviteurs, qui lui appartiennent comme par droit héréditaire. Tel autre a épousé non pas une compatriote, mais une Syrienne, une Arménienne, voire une Sarrasine ayant reçu la grâce du baptême (...). Celui-ci cultive les vignes, celui-là les champs. Les langues les plus diverses se côtoient, sont comprises, et une langue commune connue de tous nous rapproche, comme nous unit une même foi (...). Celui qui était étranger devient indigène, et le pèlerin s'est mué en habitant. De jour en jour, nos proches, nos parents viennent nous rejoindre, laissant sur place ce qu'ils possédaient : ceux qui étaient pauvres chez eux, Dieu, ici, les fait riches. Celui qui ne possédait là-bas que quelques deniers dispose ici d'innombrables besants. Tel qui, là-bas, n'avait pas même un village possède ici une ville. Pourquoi donc retournerait-il en Occident, alors que l'Orient lui est si favorable ? Dieu ne veut

pas que ceux qui ont pris sa croix pour le suivre tombent ici dans l'indigence. C'est là, vous le voyez, un grand miracle, que le monde entier se doit d'admirer."

Il y a dans ce texte une part évidente d'exagération. On ne peut toutefois en négliger la valeur informative. La première moitié du XIIe siècle est sans aucun doute marquée par un apport de population venant de toute l'Europe, attirée par des conditions économiques favorables : les immigrants reçoivent une parcelle de terre supportant des charges légères (10% environ) ; les grands domaines sont rares, et les corvées des villageois minimes. Des colons viennent ainsi s'installer dans les États latins, particulièrement dans le royaume de Jérusalem, venant principalement de France, mais aussi de Catalogne, d'Italie, de l'Empire, plus rarement d'Angleterre et des pays scandinaves. Ce mouvement correspond d'ailleurs à la période d'expansion économique et démographique de l'Occident.

La plupart des colons européens sont des citadins : ils s'installent dans les villes, surtout près des côtes et plus encore à Jérusalem, et vivent en bourgeois. On estime qu'à cette époque la population européenne s'élève à environ 140 000 âmes, dont 120 000 citadins. Dans les ports, des quartiers entiers, on l'a dit, appartiennent aux Génois, Vénitiens, Pisans, jouissant de l'exterritorialité. L'entretien des ports, l'afflux des denrées et des pèlerins suscite de nombreuses activités hospitalières, nourricières, et commerciales diverses, y compris la vente des souvenirs : les pèlerins, même s'ils ne font que passer, participent pleinement à la vie économique du pays, par leurs achats et par les taxes qu'ils doivent acquitter.

Dans les villes, existent aussi d'importantes communautés non-chrétiennes : on connaît de nombreux boutiquiers, commerçants et artisans musulmans, et les juifs dominent la teinture et l'industrie du verre ; on connaît aussi des armateurs de navires juifs et musulmans.

On a longtemps cru que la colonisation était presque uniquement citadine. On connaît pourtant, au nord de Jérusalem, des villages de colons rappelant les "villeneuves" d'Occident, sans protection de murailles, ce qui témoigne du climat de sécurité de l'époque. Des recherches archéologiques récentes (R. Ellenblum) ont révélé l'existence d'une implantation rurale franque relativement importante, mais seulement dans les régions massivement peuplées de chrétiens orientaux.

L'organisation villageoise a conservé de nombreuses structures antérieures, issues de Byzance et adoptées par les musulmans, puis par les Latins : le village est dirigé par un conseil des Anciens ; les villageois autochtones, serfs, versent un tiers de la récolte. Les musulmans, à leur tour, sont assujettis au versement d'une taxe qui correspond à peu près à celle que payaient les chrétiens sous domination musulmane, conformément à leur statut de *dhimmi*.

La reconquête de Saladin fait disparaître presque totalement la colonisation rurale. Seule subsiste la bourgeoisie urbaine, même si l'espoir demeure chez certains de regagner leurs terres grâce au succès d'une croisade. Cette population franque orientalisée est mal perçue des croisés qui les nomment les "Poulains", les méprisent et leur attribue à peu près les mêmes défauts, vices ou tares qu'aux Grecs : lâches, efféminés, corrompus, vivant à la manière des musulmans (ils se parfument, s'habillent et enferment leurs femmes comme eux !), et toujours prêts à traiter ou à s'allier avec eux. En retour, les Latins d'Orient méprisent la vulgarité des croisés d'Occident (qu'ils nomment "fils d'Hernaud") et se méfient de leur constante volonté d'en découdre à tout prix avec les musulmans, sans tenir compte des intérêts à long terme des populations latines qui demeureront après leur départ et devront composer avec leurs voisins musulmans.

La société d'outremer présente donc quelques traits de société coloniale, mais il faut aussitôt nuancer cette conclusion. On a depuis longtemps rejeté l'ancienne image trop iréniste (défendue par R. Grousset) d'une société ouverte, tolérante, marquée par une parfaite intégration des Latins dans la population autochtone préexistante, celle des chrétiens orientaux et des musulmans.

S'y est substituée depuis une cinquantaine d'années, l'image opposée (soutenue par R. C. Smail, J. Riley-Smith et plus encore J. Prawer) faisant des États d'outremer une colonie franque, résultat d'une véritable colonisation marquée par la ségrégation et l'oppression des Latins sur les populations autochtones, musulmanes aussi bien que chrétiennes, jusqu'alors assimilées.

Cette image doit être à son tour corrigée : d'abord parce que toutes les populations autochtones n'étaient pas arabisées, moins encore islamisées. Les chrétiens orientaux ont, dans l'ensemble (et plus particulièrement les Arméniens), accueilli les croisés en libérateurs. On ne peut donc pas admettre l'idée d'une réelle et foncière hostilité entre les chrétiens latins et orientaux, même s'il subsiste, on va le voir, une réelle incompréhension et des tensions ; mais on constate une incompréhension du même ordre, on l'a vu, entre Poulains et croisés, pourtant catholiques latins les uns et les autres. La société d'outremer présente donc à la fois des traits d'assimilation et d'exclusion. Même si les Latins occupent les fonctions dominantes, on peut parler de "société mixte chrétienne à prédominance franque", ce qui correspond assez bien à la description de Foucher de Chartres. Les musulmans en sont pour la plupart exclus.

XVI. L'impossible tolérance ?

Les musulmans, des dhimmis ?

La conquête des premiers croisés s'accompagne à Antioche et plus encore à Jérusalem, comme c'est souvent le cas lorsque des villes sont prises d'assaut après résistance, de massacres et d'expulsions. Les chrétiens autochtones sont généralement maintenus, mais les musulmans sont expulsés des places stratégiques. Cette politique de dépeuplement cesse assez vite car l'apport de populations occidentales est très insuffisant.

Les chrétiens vainqueurs maintiennent les juifs dans leur ancien statut de *dhimmi*, et imposent ce statut aux musulmans qui peuvent ainsi continuer à pratiquer leur religion, avoir leurs tribunaux et leurs écoles, accéder à leurs lieux saints de pèlerinage. Certaines mosquées sont conservées pour leur usage, mais la plupart sont transformées en églises ; beaucoup retournent alors à leur état primitif d'églises après leur transformation en mosquée, suite à la conquête musulmane.

Certains édifices sont utilisés conjointement par les chrétiens et les musulmans : à Jérusalem par exemple, une partie de la mosquée al-Aqsa est affectée au culte musulman, et Ibn Jobaïr, en 1183, affirme qu'à Acre les chrétiens et les musulmans utilisent deux églises-mosquées. Le sort des musulmans de Palestine lui semble toutefois inférieur à celui des chrétiens en terre d'islam. Dans tout le pays, l'appel public à la prière du haut des minarets est interdit, comme l'étaient les cloches des églises en terre d'islam.

Les mesures discriminatoires (vêtements par exemple) sont du même ordre que celles qui étaient imposées auparavant aux chrétiens vivant en terre d'islam : un décret du concile de Naplouse (1120) réduit à l'état d'esclave d'État les Sarrasins (homme ou femme) qui s'habillent comme les Francs. Le concile de Latran IV (1215) réaffirme cette interdiction, pour les juifs et les musulmans, pour éviter qu'un Sarrasin ne s'unisse à une chrétienne, un chrétien à des femmes juives ou musulmanes.

Les captifs musulmans (comme les captifs chrétiens en terre d'islam) sont parfois tués, plus souvent réduits en esclavage ou libérés contre rançon. L'esclavage, qui avait pratiquement disparu en Occident, réapparaît donc ici. Il pose un problème délicat : que faire en effet des esclaves musulmans qui se convertissent ? L'Église, qui accepte mal qu'un chrétien soit esclave d'un autre chrétien, presse les maîtres de les affranchir ; ceux-ci voient souvent d'un mauvais œil que l'on cherche à les convertir et tentent d'empêcher leur évangélisation et leur baptême. Pour lever ce frein à la conversion des musulmans (comme à celle des païens en Baltique), Grégoire IX finit par admettre le maintien en esclavage des musulmans convertis.

Les femmes, comme les autres non-combattants capturés lors de la prise d'assaut d'une ville, sont considérées comme ayant pris part à la résistance et réduites en esclavage. Contrairement aux chrétiennes capturées par les musulmans, elles ne sont pas, légalement du moins, livrées aux plaisirs sexuels de leur maître : le concubinage d'un chrétien avec une musulmane est interdit. Le concile de Naplouse condamne à être châtré celui qui couche avec une Sarrasine, qui viole son esclave ou celle d'autrui. Les observateurs juifs de Jérusalem ont, dès les premiers temps de la conquête chrétienne, observé cette différence : les croisés ont massacré les défenseurs et la population de la ville, mais ils n'ont pas violé les femmes.

Les Juifs d'outremer

L'ère des croisades réveille (et révèle) à coup sûr un antisémitisme latent. Toutes les croisades ont donné lieu à des pogroms, pour des motifs divers. Motif eschatologique : la prophétie, pensait-on, annonçait que les temps de la fin s'ouvriraient par la conversion massive des juifs : il fallait donc les convertir, le baptiser de force. La première croisade en France et plus encore en Rhénanie, la troisième surtout en Angleterre, ont connu de telles tentatives de baptême forcé. Motif économique : on estime que les juifs doivent, plus que d'autres, participer financièrement à la libération du tombeau du Christ que leurs ancêtres ont rejeté. Les pogroms antijuifs ont souvent servi de prétextes à pillages ou, comme en Angleterre sous Richard Cœur de Lion, à destruction par incendie des titres de créance des prêteurs juifs. En France, Philippe Auguste ordonne des rafles et spoliations du même genre.

Les États latins n'ont pas perpétué cet antisémitisme. Les massacres commis lors de la prise de Jérusalem en 1099 n'ont pas épargné les juifs (on sait toutefois par des lettres des communautés que beaucoup y échappèrent et furent libérés contre rançon), mais par la suite, ils conservèrent un statut de *dhimmi* à peu près comparable à celui qu'ils avaient sous domination musulmane.

Les chrétiens non latins

Les populations autochtones chrétiennes sont encore très nombreuses dans les territoires conquis par les croisés. Ceux-ci, catholiques latins, sont très minoritaires, mais possèdent le pouvoir politique et imposent la prééminence romaine. C'est l'Église latine qui perçoit les dîmes dans tout le royaume de Jérusalem.

On ne croit plus aujourd'hui (depuis un article récent de R. Hiestand) que le pape Urbain II avait autorisé les princes à instaurer des évêchés latins sur leurs territoires conquis. Cette décision, prise en 1120, s'inspire toutefois d'une concession faite par le pape à Roger de Sicile. Il n'empêche, on constate très tôt, au cours même de la première croisade, que les croisés établissent des évêques latins même là où existaient déjà des patriarches grecs, à plus forte raison des prélats syriens, jacobites ou arméniens.

La cœxistence est surtout difficile avec les "orthodoxes" byzantins, qui ne sont pas considérés comme "hérétiques" : comment admettre une double hiérarchie ecclésiastique ? On évolue rapidement vers la substitution des évêques catholiques aux prélats orthodoxes. Les évêques catholiques ont autorité sur les autres dénominations chrétiennes, surtout orientales, qui ne subsistent que grâce aux dons de leurs fidèles.

À Jérusalem pourtant, il faut bien s'accommoder d'une utilisation commune du Saint-Sépulcre : la liturgie orthodoxe continue à y être célébrée chaque jour, mais les chanoines du Saint-Sépulcre confisquent à leur profit tous les bénéfices du clergé orthodoxe. Le contraste est grand entre une présence catholique romaine minoritaire au sein de la population chrétienne et une position dominante de cette Église. Bien que le statut inférieur des non-catholiques ait pu encourager les conversions, on constate que les chrétiens orientaux sont, dans l'ensemble, restés fidèles à leur Église. J. Riley-Smith compare l'Église latine de Terre sainte à une armée qui, à l'instar d'une république bananière, aurait plus de généraux que de troupes. Il en conclut que cette situation minoritaire et cette pléthore d'évêques désœuvrés conduisaient à une nécessaire tolérance.

Il faut toutefois nuancer cette conclusion : s'il est vrai que l'éradication des "hérétiques" (envisagée dès 1098 par les princes croisés dans leur lettre à Urbain II) n'a pas eu lieu, le pouvoir n'en est pas moins aux mains des Latins qui l'exercent à leur profit ; les jacobites et les Arméniens, par exemple, n'ont pas le droit d'entrer dans le Saint-Sépulcre et doivent se contenter d'une chapelle extérieure.

Plutôt que de tolérance (notion trop moderne et peut-être encore utopique), mieux vaut parler de "nécessaire cœxistence". Elle n'en marque pas moins une avancée notable par rapport à la situation qui prévaut en Occident, au point de scandaliser les croisés nouveaux venus. Elle s'accroît au XIIIe siècle lorsque la perte des territoires conduit les colons à se replier dans les villes côtières, où il faut bien s'accommoder de la présence de l'autre.

XVII. Croisade et jihad

La formation des États latins d'Orient résulte d'une reconquête de territoires jadis chrétiens, activée par la croisade prêchée comme une guerre sainte. On ne peut échapper à ce constat. Même si elles existent et sont parfois relativement amicales au niveau des individus, les relations qui se tissent en ces régions disputées entre les communautés latines et musulmanes demeurent des contacts de frontières. Comme en Espagne lors de la Reconquista qui l'a précédée - et où l'on définit l'obligation de *jihad* comme supérieure à celle du pèlerinage - la guerre sainte en Orient réveille le *jihad*. On le constate dès 1105, dans un traité damasquin de cette époque.

> "Appliquez-vous à remplir le précepte de la guerre sainte ! (...) C'est un Paradis que Dieu fait approcher très près de vous, un bien de ce monde à posséder vite, une gloire qui durera pour de longues années. Gardez-vous de manquer cette occasion de peur qu'Allâh dans la vie future ne vous condamne au pire, aux flammes de l'Enfer."

Les divisions politiques et religieuses de l'islam proche-oriental empêchent longtemps la mise en œuvre pratique de ce *jihad*. Saladin, plus qu'aucun autre, a su s'en servir pour rallier derrière lui les musulmans et les unir dans la lutte contre l'occupation latine plus que chrétienne. Après sa victoire de Hattin, il tente une élimination radicale de toute présence latine dans les territoires reconquis, expulse tous les ressortissants (et plus encore le clergé) latins de Jérusalem.

Cet acte peut surprendre de la part d'un homme dont les contemporains, même chrétiens, louaient l'esprit chevaleresque et la grandeur d'âme. Il s'explique par sa volonté peut-être inconsciente de dissocier l'élément latin, perçu comme étranger à la région, et l'élément chrétien oriental qui, "toléré" avant la croisade, demeurait fortement implanté au sein de la population de la région et, à ce titre, faisait partie intégrante de la société. Mais en reprenant possession de Jérusalem et en expulsant les Latins de ces Lieux saints, sa réaction suscite en retour une nouvelle croisade, tant l'impact psychologique des Lieux saints demeure fort dans la conscience collective des chrétiens.

La croisade n'est certes pas directement une réponse au *jihad* islamique : celui-ci a inspiré, trois à quatre siècles auparavant, les premières conquêtes musulmanes destinées non à convertir les habitants mais à dominer et soumettre leurs territoires à la loi de l'islam. Pourtant, la Reconquista espagnole revêt des aspects de guerre sacralisée et prend des traits de guerre sainte dans la seconde moitié du XIe siècle. Plus encore, l'appel d'Urbain II à libérer les Lieux saints du christianisme de la domination musulmane, et les récompenses spirituelles qui sont liées à cette entreprise, font de la croisade une guerre sainte. Contrairement à ce que l'on écrit souvent, la guerre sainte, tout comme le *jihad*, n'implique pas la seule alternative de la conversion ou de la mort. Elle implique en revanche l'affirmation d'un droit jugé supérieur, l'établissement ou le rétablissement de l'autorité d'une religion que l'on croit seule authentique, voulue de Dieu. L'usage de la force pour en rétablir les droits jugés légitimes s'exerce dans des domaines d'action qui peuvent varier selon les temps et les circonstances, faisant succéder, dans les "zones frontières" entre les deux mondes, des phases de "tolérance" et de conflits ou de répression.

Si la croisade peut, dans une certaine mesure, être considérée comme une lointaine réponse de la chrétienté au *jihad*, consécutive à la prise de conscience que le sépulcre du Christ, premier lieu saint de la chrétienté, est aux mains des "infidèles", il ne semble pas, en revanche, qu'elle ait provoqué dans le monde musulman de l'époque un réveil général du *jihad*. Seules sont concernées par ce réveil les zones affectées par la conquête chrétienne : au sein du monde musulman, il aboutit à l'unification politique de la Syrie et de l'Égypte, à la victoire des sunnites et à l'élimination du chi'isme égyptien, qui s'accompagne d'une intolérance accrue, en ce pays, envers les très importantes minorités chrétiennes (maronites et arméniennes en particulier) considérées comme trop favorables aux Latins.

La présence des États latins a donc joué un rôle de catalyseur dans la formation d'un sentiment unitaire chez les musulmans du Proche-Orient, dont les Mameluks ont par la suite bénéficié à la fois contre les Latins et contre les Mongols.

XVIII. Croisade et mission

La connaissance de "l'autre" s'accroît cependant, au Proche-Orient mais aussi en Espagne et en Sicile ; peu à peu, elle gagne les milieux cultivés d'Occident. Elle corrige et atténue très lentement l'image caricaturale de l'islam et des musulmans qui, popularisée par les chansons de geste et les propagandes de croisade, fait de Mahomet un faux prophète hérétique et libidineux, et de l'islam une religion polythéiste, idolâtre, perverse et violente. Même s'il en corrige certains excès (en particulier l'idée selon laquelle les musulmans adorent Mahomet comme un dieu), Guibert de Nogent les reprend à son compte sans vergogne afin de justifier moralement la croisade.

L'idée de convertir les musulmans à la foi chrétienne n'est certainement pas nouvelle, et on en trouve des traces dès la première croisade. Elle prend parfois (rarement) la forme d'une alternative caricaturale que l'on a résumé, en s'inspirant surtout des chansons de geste, par l'expression "Crois ou meurs". La conversion forcée, interdite par l'Église, a été peu pratiquée lors de la première croisade.

En revanche, à l'époque des premières croisades, on croit en Occident que la victoire militaire des chrétiens est un signe divin qui devrait entraîner la conversion des musulmans vaincus, à la manière d'un jugement de Dieu. Pierre Alphonse, puis Pierre le Vénérable témoignent d'une meilleure connaissance de l'islam et fournissent des armes nouvelles à la polémique anti-islamique : elle s'appuie sur une traduction du Coran pour montrer comment celui-ci devrait conduire les musulmans à l'Évangile, et sur l'Évangile pour condamner les doctrines de l'islam. Mais ces écrits polémiques ne semblent pas avoir été réellement utilisés pour convaincre les musulmans sur le terrain.

Des critiques, très tôt, s'élèvent contre la croisade. La plupart portent sur ses déviations (cf. plus loin), sur son utilisation par la papauté, ou sont consécutives à son échec. Les seules qui en rejettent radicalement le principe sont issues surtout des milieux chrétiens dissidents qui en subissent les effets, comme les cathares ou les vaudois.

On trouve cependant un rejet des thèses de saint Bernard chez l'un de ses disciples, Isaac de l'Étoile, qui souligne combien ce "5e évangile" diffère des quatre premiers et nuit à la crédibilité de la foi. Roger Bacon, peu après, développe le même thème : la guerre contre les infidèles est inutile, car elle ne les convertit pas, suscite au contraire le rejet de la foi chrétienne et la haine, et pousse en retour à la guerre. Mais dans l'ensemble, les ecclésiastiques ont accepté l'idée d'une guerre sainte dont les canonistes ont cherché à définir les traits. Raymond de Peñafort, par exemple, condamne la conversion forcée mais prêche aussi la croisade.

On a souvent opposé la croisade à la mission, la seconde faisant suite à la première en s'y substituant. C'est là une simplification abusive, une vue de l'esprit. En effet, les chrétiens ont longtemps considéré la croisade comme une nécessité permettant seule la conversion, soit par la valeur de signe déjà évoquée, soit, et de plus en plus, en permettant à la prédication de s'exprimer pour obtenir la conversion (il y en eut d'assez nombreuses au début du XIIe siècle).

Les chrétiens n'ignorent pas, en effet, que la prédication du christianisme en vue d'une conversion des musulmans (prosélytisme) est formellement interdite en terre d'islam, et punie de mort. Lorsque Jacques de Vitry tente une mission de conversion au cours de la cinquième croisade, il prêche à des musulmans, mais en terre chrétienne, aux confins des territoires des Sarrasins, et se contente de leur faire passer des lettres écrites dans leur langue. Il souligne que les Sarrasins ne sont pas unis dans leur foi, estime que beaucoup pourraient se convertir s'ils avaient connaissance de la foi chrétienne, mais aussi que les très nombreux chrétiens vivant dans les terres sarrasines pourraient se soulever à l'arrivée des croisés et les aider. Selon lui, la croisade est nécessaire pour permettre la prédication et favoriser la conversion.

On a déjà souligné plus haut pourquoi les seigneurs chrétiens répugnaient à de telles prédications à leurs esclaves musulmans. La décision de Grégoire IX fait taire leurs craintes : même convertis et baptisés, ils conserveront leur statut social et juridique d'esclave.

La croisade est donc considérée (un peu à la manière du *jihad* pour les musulmans) comme un moyen d'établir, ou plutôt, ici, de rétablir sur ces terres jadis chrétiennes et conquises par les infidèles, l'autorité du christianisme permettant la pleine diffusion de la foi. La mission s'exprime alors dans la croisade. Raymond Lulle, au début du XIVe siècle, veut développer à la fois la mission et la croisade qui, pour lui encore, ne sont en rien antinomiques.

On invoque souvent, pour opposer les deux aspects, la prédication de François d'Assise. Jacques de Vitry raconte comment François vint dans l'armée des croisés et alla dans le camp du sultan al-Kâmil pour "y prêcher la parole de Dieu aux Sarrasins". Il constate d'ailleurs qu'elle fut sans effet. On a déjà rencontré une telle "offre de conversion" exprimée par Pierre l'Ermite dans son ambassade en 1098. Celle de François revêt un aspect missionnaire plus net, mais n'est guère plus réaliste. Il est probable qu'al-Kâmil la perçoit comme une sorte de jeu-défi, et lui laisse la vie par geste chevaleresque.

Il est probable aussi (et c'est ainsi qu'elle a été par la suite glorifiée) que le geste de saint François s'assimile à une recherche du martyre. En 1220, plusieurs franciscains, à son imitation, recherchent un tel martyre, d'abord en Espagne musulmane (Séville) puis au Maroc (Marrakech). En 1221, la règle de l'ordre encourage de telles missions de prédication chez les infidèles, leur prescrivant de ne pas craindre la mort. Entre 1265 et 1269, une dizaine d'entre eux sont martyrisés en Orient. Cette attitude n'empêche pas les franciscains de quêter pour la croisade.

Les missions proprement dites se développent cependant sous l'impulsion de Grégoire IX. Les dominicains y jouent un rôle prépondérant. Elles s'adressent d'abord et surtout aux chrétiens orientaux vivant en terre d'islam afin de les réunir dans l'obédience romaine, sous l'autorité du pape. En 1274, Innocent IV renforce ces missions par une encyclique réclamant l'union des Églises sous l'autorité du pape, moyennant quelques concessions affranchissant les prélats orientaux de l'autorité des évêques latins. Non sans naïveté, il écrit également aux souverains musulmans pour les inciter à la conversion. Ses espérances sont déçues, tant au niveau des souverains que de la possibilité de prêcher en terre musulmane, prédication qui demeure interdite.

Les espérances sont meilleures du côté des Mongols, qu'Innocent IV tente aussi de convertir par des lettres et des ambassades (Jean de Plancarpin, André de Longjumeau). La réponse du khan, souhaitant la victoire des chrétiens sur leurs ennemis musulmans, suscite l'espoir, mais le khan mongol exige la soumission, et c'est une nouvelle déception (1253). Guillaume de Rubrouck obtient la même réponse. La prédication en Mongolie prend elle aussi l'aspect de missions auprès des chrétiens non catholiques pour les amener à se ranger sous l'autorité du pontife romain.

Conclusion

Il y a un demi-siècle, S. Runciman qualifiait la croisade en ces termes :
> "La guerre sainte n'a pas été autre chose qu'un long acte d'intolérance au nom de Dieu, ce qui est péché contre le Saint-Esprit."

Appliqué à la seule croisade, le jugement est sévère. Si on l'étend à la notion de guerre sainte dans son ensemble, et à son équivalent, le *jihad*, ce jugement prend toute sa valeur et ne peut qu'entraîner l'adhésion. Malgré les contacts parfois amicaux, malgré les actes de relative tolérance de part et d'autre, la guerre sainte a contribué à attiser les haines et les rancœurs, et creusé durablement un double fossé entre Byzance et l'Occident, entre chrétiens et musulmans. La connaissance mutuelle entre chrétienté et islam s'est un peu accrue pendant cette période, mais elle a pris d'autres voies, par la Sicile et surtout par l'Espagne. Elle n'a guère entraîné de véritable reconnaissance, moins encore de tolérance au sens actuel du mot.

Quatrième partie

Vraies et fausses croisades : déviations et récupérations

Introduction

L'HISTOIRE DES CROISADES, on l'a dit, ne se limite pas à celle des huit expéditions traditionnellement désignées comme telles parce qu'elles résultent d'un appel pontifical "officiel" suivi d'effets, sinon de résultats. En dehors de ces "grands passages", de nombreux croisés se sont rendus en Terre sainte à titre individuel, pour répondre à un appel intérieur, à celui d'un proche ou d'un seigneur, ou encore à titre de pénitence.

Il y eut aussi des appels pontificaux non suivis d'effets et des croisades en Terre sainte suscitées par d'autres que le pape. Il y eut également des expéditions militaires dirigées ailleurs qu'en Terre sainte, prêchées par le pape et gratifiées par lui des privilèges matériels et des "indulgences de croisade".

Il nous faut exposer sommairement ces "croisades" oubliées, déviées, dénaturées ou dévoyées. Elles montrent le cheminement de l'idée dans les mentalités et surtout son utilisation idéologique par la papauté, sa progressive perversion menant à une interprétation de plus en plus large et ouverte de la notion de croisade.

I. Les croisades oubliées

Outre les entreprises décrites plus haut, plusieurs expéditions ont été organisées pour reprendre ou protéger les Lieux saints de Jérusalem. Elles résultent d'appels antérieurs à la croisade et méritent donc pleinement ce terme. Ainsi, en 1104, répondant aux sollicitations d'Urbain II, les Génois lancent une opération maritime massive en Terre sainte et s'emparent de Césarée. En 1107, le roi Sigurd de Norvège rassemble une importante flotte de "croisés-pèlerins", et fait voile vers la Terre sainte. En Espagne, il fait campagne contre les Maures, puis gagne la Sicile et débarque à Acre en été 1110 ; après avoir visité Jérusalem, il se met au service du Saint-Sépulcre avec ses gens et prend Sidon.

En 1120, le pape Callixte II tente d'organiser une double opération de guerre sainte. La première, en Espagne, répond à une contre-offensive des Maures. Par une bulle confirmée au concile de Latran I (1123), il presse ceux qui ont fait vœu de partir en croisade de l'accomplir sur place contre les Maures. Le pape leur accorde "la même rémission des péchés que nous avons accordée aux défenseurs de l'Église d'Orient". Au concile de Saint-Jacques-de-Compostelle, son légat assimile l'entreprise à une croisade car elle a pour but Jérusalem, par une voie nouvelle il est vrai, qu'il estime plus aisée. Il affirme en effet :

> "De même que les *milites Christi*, fils fidèles de la sainte Église, ont ouvert la route de Jérusalem à grand-peine et au prix d'une grande effusion de sang, de même nous aussi faisons-nous *milites Christi* et, en triomphant de ses méchants ennemis sarrasins, ouvrons vers ce même sépulcre du Seigneur et avec son aide une voie qui, par l'Espagne, sera plus courte et moins périlleuse."

Alphonse d'Aragon conduit alors une expédition d'environ 10 000 hommes qui le mène à Teruel, puis à Valence, Murcie, Guadix, Grenade et Malaga, avant de rentrer dans son pays ; il n'a pas été question de passer en Afrique. Il n'en reste pas moins que l'assimilation de cette campagne à une croisade s'accompagne d'une identification annoncée des objectifs : le Saint-Sépulcre de Jérusalem.

La seconde expédition concerne l'Orient : après le désastre subi par les Latins au "Champ du sang" (1120), Callixte II obtient une réponse enthousiaste du doge de Venise auquel il a envoyé la bannière de Saint-Pierre. Le doge se croise avec de nombreux notables vénitiens, et une grande flotte les transporte avec des croisés français et allemands. En août 1122, elle détruit une flotte sarrasine devant Ascalon. Après avoir visité Jérusalem et Bethléem, les croisés aident à prendre Tyr en juillet 1124. Les Vénitiens reçoivent un tiers de la ville et des privilèges commerciaux. Ils rentrent à Venise et pillent au passage les îles grecques, contraignant ainsi l'empereur Jean Comnène à élargir les privilèges concédés à Venise. Nous avons là un mélange de croisade, d'intérêts commerciaux et de déviation antibyzantine dont la quatrième croisade fournira le sommet.

En 1158, de sa propre initiative (mais avec l'approbation du pape), Thierry de Flandre se croise pour la troisième fois avec de nombreux vassaux et alliés. Il contribue à dégager le Crac des chevaliers investi par Nûr al-Dîn, fait campagne en 1158 avec Baudouin et Renaud de Châtillon, et remporte une victoire au sud du Lac de Tibériade. En désaccord avec Renaud de Châtillon, il rentre chez lui mais se croise à nouveau en 1164. Il s'agit là d'une véritable croisade, bien que son recrutement ait été limité aux régions flamandes.

II. Les croisades déviées

Dès la première croisade, on discerne chez de nombreux croisés un sentiment d'hostilité à l'égard des Grecs. C'est le cas, particulièrement, du Normand Bohémond, déjà adversaire victorieux de l'empire quelques années plus tôt. On le retrouve, amplifié, chez ce même Bohémond lorsque, libéré contre une rançon de 130 000 dinards de sa captivité chez les Danishmendites, il vient rendre grâce à saint Léonard, patron des prisonniers. Il entreprend aussitôt, en 1106, une tournée de propagande et de recrutement en France, soutenu en cela par le pape Pascal II. Bohémond appelle à la croisade *(via sancti sépulchri)* au concile de Poitiers, soutenu par Bruno de Segni, légat du pape. À Chartres, il prêche dans la cathédrale et invite les chevaliers à le suivre. Il ne dissimule nullement son intention : renverser Alexis qu'il accuse de félonie et mettre à sa place sur le trône un empereur favorable aux croisés. Il en informe aussi le pape, et l'incite même, comme il l'avait fait pour Urbain II en 1098, à venir en personne prendre part à la croisade. Le but réel de cet appel est de recruter des guerriers pour préserver sa principauté d'Antioche menacée. Là encore, l'intérêt personnel et l'intérêt des États latins, donc de la croisade, sont intimement mêlés.

On retrouve cette même hostilité lors de la deuxième croisade : Louis VII n'est nullement disposé à rendre à l'empereur les terres qu'il pourrait reconquérir, en particulier Édesse. Son alliance avec le Normand Roger de Sicile, qui vient d'attaquer Corfou, accroît encore la tension. Cette méfiance réciproque se traduit par le traité conclu entre l'empereur et le sultan de Konya (Iconium) par lequel Manuel s'engage à ne pas aider les croisés. Lorsque ce traité est connu de

Louis VII à Constantinople, l'évêque de Langres lui conseille d'assaillir la ville impériale. Un accord minimal est conclu alors, mais les croisés se plaignent de ne recevoir aucune aide des Grecs qui, au contraire, renseignent les Turcs sur leurs mouvements. La rancœur qui en résulte à l'encontre des Grecs s'accroît encore lorsque ceux-ci s'emparent du navire de la reine Aliénor. Louis VII envisage alors, on l'a vu, d'organiser dès son retour une nouvelle croisade destinée à faire revenir Byzance à la raison.

La quatrième croisade, qui conduit au siège, à l'assaut, puis au sac de Constantinople en 1204, est donc l'aboutissement d'un mouvement très ancien. Cette déviation résulte d'une conjonction d'intérêts (ceux des Vénitiens, de Rome, des croisés devant apurer leur dette, etc.) dans le contexte d'une hostilité croissante envers les Grecs dont on a pourtant besoin pour des raisons évidentes de stratégie et d'intendance, mais que l'on considère comme traîtres et déloyaux.

Byzance est alors tenue non plus pour un appui, mais pour un obstacle à la croisade. C'est dans l'intérêt de la croisade (et de l'union des Églises) que le pape Innocent III tarde à se prononcer contre le projet du jeune Alexis, et qu'il réagit faiblement devant l'assaut de Constantinople et la prise du pouvoir des Latins d'obédience romaine, tout en condamnant le sac de la ville et en déplorant la haine des Latins qui en résulte chez les Grecs. Cette haine subsiste longtemps, même après le rétablissement de l'Empire grec. En 1439, au concile de Florence, l'union des Églises orthodoxes avec Rome est proclamée. Les empereurs en espèrent une aide de l'Occident, mais le clergé grec la refuse : la haine du Latin l'emporte alors même sur celle du Turc.

III. Les croisades détournées

En 1147, on l'a vu, les croisés allemands obtiennent de saint Bernard, puis d'Eugène III la commutation de leur vœu de croisade en guerre contre les Wendes. En 1147, Henri le Lion et son armée, aidé des Danois, assiège Dobin et obtient la conversion des Wendes dont le prince se reconnaît vassal du comte Albert de Holstein. En 1171, Alexandre III n'offre donc plus qu'une indulgence limitée à ceux qui combattent en Europe du Nord. Mais en 1199, après l'assassinat d'un évêque, Innocent III appelle les chrétiens des régions nordiques qui ont fait vœu de pèlerinage à Rome à défendre l'Église de Livonie. En 1204, il commue même le vœu d'aller à Jérusalem en vœu de combattre en Livonie, avec la même indulgence plénière.

Il s'agit là d'une guerre "missionnaire" transformée en "croisade permanente" (mieux vaudrait dire "guerre sainte permanente") assortie des mêmes privilèges que la croisade pour Jérusalem. En 1209, le pape encourage le roi du Danemark à combattre en *miles Christi* dans une action guerrière qu'il affirme "aussi sainte qu'un pèlerinage", assortie de la même "indulgence", destinée à extirper le paganisme de ces régions. Le pape affirme toutefois la précellence de Jérusalem, mais l'idée d'une croisade baltique s'implante : les combattants portent la croix, sont appelés *crucesignati*, voire *peregrini* (en l'absence de tout lieu saint notable) et bénéficient de la même indulgence que les "pèlerins" de Jérusalem.

L'assimilation est parfois poussée très loin. En 1215, au concile de Latran, Albert de Buxterude, qui est en train d'instaurer un État catholique à tendance théocratique, demande au pape de ne pas négliger la Livonie, qualifiée d'héritage de Marie :

> "Saint Père, de même que vous prenez soin de vous préoccuper de la Terre sainte de Jérusalem qui est la terre du Fils, de même vous ne devriez pas ignorer la Livonie qui est la terre de la Mère (...). Car le Fils aime sa mère et de même qu'il ne souhaiterait pas perdre sa terre, de même il ne voudrait pas que la terre de sa mère soit mise en péril."

En 1211, le roi André de Hongrie confie aux chevaliers teutoniques la défense d'un territoire dont ils remettent la propriété au Saint-Siège. En 1226, ils sont appelés à lutter en Prusse et la "Bulle d'or" concède au Maître de l'Ordre le statut de prince impérial pour les terres à conquérir. Ces terres reviennent de droit au pape qui en accepte la propriété en 1234, les rend à l'ordre en tant que fief pontifical, et lui octroie la bénédiction de saint Pierre. Dès lors, la lutte armée aux côtés de l'ordre est assimilée à une croisade permanente : en 1245, on l'a vu, Innocent IV accorde l'indulgence plénière à ceux qui vont combattre en Prusse, à quelque moment que ce soit, qu'il y ait ou non appel du pape. Il en résulte un grand nombre d'expéditions allemandes, entre 1265 et 1283. La dernière transforme la Prusse en désert et les Prussiens en serfs des chevaliers teutoniques qui entreprennent la colonisation du pays.

En 1330, devant la résistance des Lituaniens aux conquêtes des Teutoniques, l'ordre fait appel à la chevalerie occidentale. Cet appel lance la mode des "*Rese* de Prusse", expéditions associant les plaisirs de la guerre, de la chasse au gros gibier à fourrure, et des banquets. Tout au long du XIVe siècle, la fine fleur de la chevalerie européenne vient combattre avec les Teutoniques dans des campagnes d'hiver *(winter-reysa)* qui consistent à prendre une forteresse, piller et dévaster la région sans trop de risque et faire assaut de "chevalerie" mondaine dans des banquets et festivités inspirées des romans arthuriens. On a pu comparer ce genre de pseudo-croisade à un "paquet cadeau destiné à la noblesse européenne", parée des atours de la chevalerie (J. Riley-Smith).

En 1386, le grand duc de Lituanie se convertit au catholicisme pour devenir roi de Pologne et de Lituanie, privant ainsi les Teutoniques de l'argument de croisade. Le conflit éclate toutefois entre la Pologne et l'État teutonique, vaincu à Tannenberg en 1410 (traité de Torun). La chevalerie européenne met alors fin aux *"Rese"*. Mais l'ordre teutonique veut relancer la croisade au concile de Constance (1415), accusant les Polonais de s'allier aux païens contre lui en violant le traité de Torun. Les Polonais répliquent en contestant l'usage de la croisade ailleurs que contre les infidèles en Terre sainte. Le concile ne les suit évidemment pas sur ce plan, mais interdit néanmoins désormais toute "croisade" contre les Polonais.

IV. Les croisades dénaturées

On retrouve dans les campagnes prêchées par la papauté contre les "hérétiques" du Languedoc les traits des guerres saintes antérieures à la croisade. Toutefois, pour sacraliser davantage le combat mené contre les Albigeois, cathares et chrétiens dissidents confondus, le pape lui attribue les privilèges et indulgences plénières de la croisade pour Jérusalem. En 1179, déjà, la concile de Latran III avait offert aux chefs de guerre combattant les cathares (mais aussi les routiers) de grands privilèges, tant matériels que spirituels :

> "À eux-mêmes et à tous les fidèles, nous enjoignons pour la rémission de leurs péchés de s'opposer énergiquement à ces fléaux et de protéger contre eux le peuple chrétien en

recourant aux armes. Leurs biens seront confisqués et il sera loisible aux princes chrétiens de les réduire en servitude. Quant à ceux qui mourraient au combat en faisant une vraie pénitence, qu'ils ne doutent pas qu'ils recevront le pardon de leurs péchés et le fruit de la récompense éternelle."

Le pape Innocent III offre d'abord deux ans d'indulgence à ceux qui prennent les armes contre eux, et place leurs biens sous protection de l'Église *"comme ceux qui se rendent au sépulcre du Seigneur"*. Puis il demande au roi de France Philippe Auguste de mettre ses armées au service de l'Église pour mater les hérétiques. Cet appel restant sans effet, il le renouvelle en 1207 et accorde aux combattants l'indulgence plénière et la protection des biens des croisés.

En 1208, après l'échec des tentatives de conversion et l'assassinat du légat Pierre de Castelnau, il prêche ouvertement la "croisade" contre ces "hérétiques". Cette attitude résulte directement de la conception théocratique d'Innocent III et du rôle qu'il attribue au pape dans le gouvernement de l'Église confondue avec la chrétienté, les rois et les princes ne sont pour lui que des exécutants.

Cette croisade a donné lieu, on le sait, à des massacres de populations entières, comme à Béziers, ou 15 000 habitants, hérétiques et catholiques confondus, sont exterminés. La défaite de Pierre d'Aragon et des Toulousains à Muret (1213) laisse le champ libre à Simon de Montfort qui réprime rudement les hérétiques. En 1226, Louis VIII soumet définitivement la région et l'Inquisition commence l'éradication systématique des hérésies.

Cette dénaturation de la croisade n'a guère entraîné de protestation chez les catholiques. Raoul Niger, pourtant hostile à la croisade, en tire même argument : il ne faut pas envoyer de chevaliers en Orient, car on a trop besoin d'eux en Occident pour combattre les hérétiques.

Les "croisades" contre les hérétiques de Bosnie (1227 et 1234), au caractère plus local, soulèvent moins encore d'objections. Il en est de même des cinq "croisades anti-hussites", destinées à réduire l'influence du préréformateur Jean Huss (brûlé pour hérésie en 1415). Aux yeux de certains, le mouvement hussite, à la fois religieux et nationaliste, affaiblit la chrétienté au point que le roi Sigismond de Hongrie, lui-même à l'origine de la "croisade de Nicopolis", entreprend contre eux de très rudes campagnes infructueuses alors même que le péril turc menace la région. Il doit pourtant accepter un compromis religieux en 1436 : la communion sous les deux espèces. Mais dès 1462, le pape Pie II dénonce cet accord et excommunie le roi de Bohème.

On retrouve à peu près les mêmes caractères dans les guerres de Religion entreprises contre les protestants, eux aussi tenus pour hérétiques. Le concile de Trente (1544) assimile clairement l'éradication du protestantisme à une croisade contre les infidèles.

V. Les croisades dévoyées

Plus perverties encore sont les guerres purement politiques menées par la papauté contre ses adversaires et voisins chrétiens catholiques, prêchées comme croisade, assorties des mêmes privilèges que ceux qui vont combattre pour libérer le Saint-Sépulcre.

Certes, dès avant l'an mil, les papes ont accordé la couronne du martyre à ceux qui mourraient pour défendre Rome contre les infidèles, et Grégoire VII a sanctifié le combat des Patarins contre les ennemis schismatiques de la papauté. La croisade, on l'a dit, est l'aboutissement d'un mouvement de sacralisation de la guerre menée dans l'intérêt de la chrétienté, de l'Église et de la papauté. Mais il y a ici bien davantage, car les papes cherchent à réutiliser, pour leurs intérêts politiques et matériels, la sacralisation suréminente acquise par la croisade en tant que guerre de reconquête de l'héritage du Christ et des Lieux saints de la chrétienté.

C'est le cas, par exemple, dès 1135 lors du concile de Pise, dans le contexte de la lutte armée du pape et de Roger de Sicile pour la possession des territoires d'Italie du sud. Pour obtenir des guerriers contre Roger (qui par ailleurs soutient Anaclet, pape rival d'Innocent II), celui-ci proclame que ceux qui combattront Roger sur terre ou sur mer pour la "liberté de l'Église" recevront une indulgence identique à celle que promulgua Urbain II à Clermont.

En 1199, après la mort d'Henri VI, le pape apprend que Markward d'Anweiler, officier de l'empereur, se maintient en Italie et organise la résistance en Sicile. Il cherche à dresser ses fidèles contre lui, le compare à un "nouveau Saladin", l'accuse d'alliance avec les musulmans de Sicile et proclame une croisade contre lui, assortie d'indulgences identiques à ceux qui vont en Orient. Seule la mort de Markward, en 1203, interrompt ce projet.

En 1228, le pape s'oppose à Frédéric II pour la possession de territoires en Italie centrale. L'excommunication de Frédéric permet au pape de faire envahir ses territoires par ses guerriers. Le pape leur promet la rémission de leurs péchés, mais ils portent sur leurs vêtements l'insigne des clefs de saint Pierre et non pas de la croix.

Dix ans plus tard, le conflit se durcit et cette fois le pape prêche clairement la croisade contre Frédéric. Il autorise ses légats à commuer en guerre contre lui les vœux de croisade en Orient. En 1248, Innocent IV le dépose et prêche à nouveau une "croisade" contre lui en Allemagne.

Après la mort de Frédéric (1250), le conflit se prolonge contre Conrad IV, puis contre Manfred, fils illégitime de Frédéric, en Sicile : Charles d'Anjou obtient à son tour du pape la prédication d'une "croisade" contre Manfred en France et en Allemagne, bat ses troupes à Bénévent et est couronné roi de Sicile. En 1282, les Siciliens se révoltent contre la domination angevine (Vêpres siciliennes) et une nouvelle "croisade" est prêchée contre eux en 1283, puis en 1296, 1299 et 1302, sans succès.

Ces expéditions militaires, initiées et prêchées par les papes pour des motifs purement politiques, ont été assimilées par eux à des croisades. Ils les ont justifiées en invoquant la défense de l'Église, en assimilant les adversaires de la papauté aux ennemis de la chrétienté et de la foi, aux païens et aux musulmans.

Est-on tenu de les suivre dans ces assimilations plus que douteuses ? Les historiens qui, comme J. Riley-Smith ou N. Housley, définissent la croisade comme une guerre prêchée par la papauté et assortie des privilèges de croisade les admettent également comme telles (par définition, pourrait-on dire). Ils soulignent que les contemporains ne les ont pas trouvées dépourvues d'attraits idéologiques, ce qui revient à dire que les indulgences de croisade promises les ont séduits. Certes, comme l'a montré E. Siberry, les critiques de ces croisades politiques émanent avant tout des adversaires de la papauté (comment en serait-il autrement ?). Pourtant, dans son traité et ses sermons, Humbert de Romans prend soin de rassembler et de réfuter les objections, nombreuses, à ces entreprises. Soulignons enfin qu'à chaque extension de l'indulgence, c'est la croisade pour Jérusalem et le Sépulcre du Christ qui sert de référence. Elle seule constitue la norme : même aux yeux du pape, les autres entreprises ne sont que des dérogations.

Comment, d'ailleurs, qualifier de croisades les combats des papes contre les villes italiennes, Venise ou Ferrare, ceux des Guelfes contre les Gibelins assimilés par les papes à des "hérétiques ou schismatiques", menés par des compagnies de mercenaires qui, dans leurs dérèglements, font à leur tour l'objet de prédication de croisades destinées à les réduire ? Ou encore les guerres menées les uns contre les autres par les papes qui, lors du Grand schisme (1378-1417), s'excommunient mutuellement, se déposent et prêchent la "croisade" contre leurs rivaux ? La prédication pontificale, pourtant, est ici bien présente (doublement, pourrait-on dire !), tout comme les indulgences et les privilèges promis aux "croisés". Ce n'est guère suffisant, me semble-t-il, pour faire de telles querelles des guerres saintes, moins encore des croisades.

VI. Les croisades récupérées

La croisade n'est pas née "de rien", en 1095, dans la pensée d'Urbain II. La notion de guerre sainte, on l'a vu, se forge en Occident, particulièrement en Espagne, lors de la reconquête de la péninsule. Malgré l'emphase mise par Urbain II sur la reconquête de Jérusalem, le pape ne veut pas compromettre cette reconquête en dégarnissant le front occidental. Aussi interdit-il aux Espagnols de prendre part à l'expédition en Orient. Pour les en dissuader, il les autorise à commuer leur vœu de croisade en lutte contre les Maures sur place, et attribue à cette lutte les mêmes privilèges. C'est rappeler que la Reconquista est aussi une guerre sainte. Mais jamais elle n'a été assimilée à une croisade permanente.

En 1118, Gélase II proclame une "guerre sainte" contre Saragosse, aux mains des Almoravides. Y prennent part plusieurs princes revenus de la première croisade, tels Gaston de Béarn, Centule de Bigorre ou Alphonse Jordan, comte de Toulouse. Ils ont certes le sentiment de continuer la lutte entreprise contre les Sarrasins, mais pas nécessairement celui de prendre part à une nouvelle croisade.

En 1123, Callixte II identifie à nouveau, comme l'avaient fait déjà Urbain II et Pascal II, les privilèges acquis par les deux combats : ils apportent la rémission des péchés. Il en est de même en 1147, lorsque

Alphonse VII de Castille demande au pape l'extension des privilèges de croisade à l'Espagne. Un corps anglo-flamand en route vers la Terre sainte aide ainsi le roi du Portugal à s'emparer de Lisbonne. À cette occasion, comme le souligne J. Richard, une partie des croisés refuse d'assiéger la ville, car leur vœu était Jérusalem, et non la Reconquista. On évite la rupture en invoquant la nécessité de l'unité. Le même argument est aussi invoqué en 1204 lors du détournement de la croisade vers Zara et Constantinople. Il n'en reste pas moins que ces croisés établissaient clairement une différence entre les deux formes de guerre sainte.

On a vu aussi qu'en 1193 et 1197 le pape accepte la commutation des vœux de Jérusalem vers l'Espagne, mais seulement pour les Aquitains. En 1213, Innocent III rétablit clairement la prééminence de la croisade pour Jérusalem en révoquant ces équivalences.

Après la prise d'Acre en 1291, de nombreux plans voient le jour pour réactiver la croisade. L'un d'entre eux, celui de Raymond Lulle, associe à nouveau la Reconquista à la croisade : les croisés franchiraient le détroit de Gibraltar après avoir repris toute la péninsule, et progresseraient ensuite vers Jérusalem par l'Afrique (cf. 100). La guerre de Grenade (1482-1492) récupère aussi l'idée de croisade qui se réveille après la chute de Constantinople. Grenade est prise le 2 janvier 1492, les musulmans perdent leur dernier bastion en Espagne, et les chrétiens s'emparent en Afrique de Mellila. On envisage à nouveau une marche vers Jérusalem par les côtes d'Afrique, preuve s'il en fallait que la croisade reste liée dans les esprits à sa véritable destination, la Terre sainte, Jérusalem, le Saint-Sépulcre.

VII. Les croisades reniées

La croisade des "enfants" (1212)

Les abus causés par ces déviations multiples de l'esprit de croisade entraînent de nombreuses critiques dont on ne doit ni exagérer la portée, ni minimiser la signification. Ces critiques sont relativement rares chez les notables et les puissants ; elles sont sans doute plus fréquentes chez les humbles. Les nombreuses défections et désaffections en témoignent plus encore que les écrits critiques.

Dans la mentalité populaire, la croisade associait les notions de pèlerinage, de guerre sainte, de service du Christ, de don de soi et d'espérance eschatologique. Combinaisons politiques, atermoiements et tractations diplomatiques, compromissions et renoncements des puissants déconcertent souvent le petit peuple enthousiaste des croisés dans son élan de piété sincère, quoique souvent fanatique.

C'est cet esprit initial de la croisade, manifeste dans la première expédition, qui suscite quelques entreprises populaires ; elles n'ont pas été suscitées par le pape, n'ont pas été assorties d'indulgences, ont souvent rencontré son scepticisme, sa réprobation, voire sa condamnation, et n'ont pas été couronnées de succès. Elles n'en méritent pas moins le terme de croisade, au moins par leur intention délibérée d'aller délivrer Jérusalem.

C'est le cas, en 1212, de la "croisade des enfants" (*pueri*, qu'il faut sans doute plutôt traduire par "petits", "humbles"). Elle est suscitée par l'incapacité des puissants à s'unir pour reprendre Jérusalem et la Vraie croix, et par leurs rivalités, en particulier entre Capétiens, Plantagenêts et Impériaux. L'ardente prédication de Jacques de Vitry et de Guillaume de Paris pour la "croisade albigeoise" soulève parfois l'enthousiasme, mais aussi des troubles en Rhénanie : la croisade prêchée par le pape n'est pas vraiment celle que la foule attendait.

En réaction à cet appel à combattre les hérétiques en Languedoc, ou les Sarrasins en Espagne, des prédicateurs populaires mettent en avant le thème de Jérusalem et de la croix captive des musulmans. Un jeune brassier de Cologne nommé Nicolas entraîne derrière lui des milliers de gens, humbles, pauvres et jeunes (plutôt qu'enfants), qui disent vouloir traverser la mer comme jadis Moïse traversa la mer Rouge, pour aller reprendre aux infidèles le Saint-Sépulcre que les rois et les princes sont incapables de reconquérir. Nicolas prétendait avoir reçu vision du Christ lui ordonnant de rassembler derrière lui ceux qui, par leur humilité et leur amour de Dieu, seraient dignes d'y parvenir. En juillet 1212, ils traversent l'Alsace et prennent le chemin de la Lombardie, en pleine canicule : ils subissent de nombreuses pertes par faim et soif. Pourtant, la population les accueille bien, semble-t-il, sauf le clergé, souvent hostile.

Parvenus à Gênes, le miracle attendu n'ayant pas lieu, ils se dispersent : les uns rentrent chez eux, d'autres vont à Rome pour obtenir d'être déliés de leurs vœux de croisade, certains sont détournés par l'Église vers la croisade albigeoise, d'autres enfin parviennent à s'embarquer pour la Terre sainte. Selon une légende d'origine contestable, des armateurs marseillais en auraient vendus un grand nombre aux musulmans d'Afrique du Nord.

À la même époque, en France, un autre visionnaire nommé Étienne, berger du village de Cloyes, prétend avoir vu le Christ lui apparaître, lui demandant d'aller porter une lettre à Philippe Auguste. Il rassemble lui aussi une multitude de petites gens, adolescents, jeunes, mais aussi adultes, qu'il conduit à Paris en chantant *"Seigneur Dieu, exalte la chrétienté, rends-nous la Vraie Croix."* Des miracles ont lieu en chemin. Fort embarrassé, Philippe Auguste le reçoit à Saint-Denis et soumet pour examen la lettre à l'Université de Paris, qui doute de son origine divine. Il renvoie chez eux les pèlerins, qui se dispersent bientôt.

Ces deux mouvements ont en commun la volonté exprimée d'obtenir la libération de Jérusalem par l'humilité, l'amour et la pénitence (parfois poussée jusqu'à l'auto-flagellation) des petites gens, plutôt que par la puissance des princes laïques ou ecclésiastiques. L'Église se méfie de ces mouvements populaires spontanés et subversifs, proches de la nouvelle spiritualité de la pauvreté qui s'épanouit à la même époque. Comme pour les mouvements hérétiques, plusieurs écrivains ecclésiastiques ont dénigré leurs adeptes en les accusant d'ignorance, de supercherie, et même d'être suscités par le diable et ses suppôts, les infidèles.

La croisade des pastoureaux (1251)

Un phénomène semblable a lieu en 1251, suite à l'émotion populaire causée par la nouvelle de la capture de Saint Louis à Damiette. Un moine charismatique, nommé le "Maître de Hongrie", prétend avoir reçu de la Vierge Marie une lettre affirmant que les puissants, les riches et les orgueilleux ne pourront jamais reprendre Jérusalem, mais que seuls y parviendront les pauvres, les humbles, les bergers, dont il doit être le guide. L'orgueil de la chevalerie, dit la lettre, a déplu à Dieu.

Des milliers de bergers et de paysans prennent la croix, et marchent vers Paris, armés d'épées, de haches, de couteaux et de bâtons. Ils sont 30 000 à Amiens, peut-être 50 000 à Paris, où Blanche de Castille les reçoit. Mais le message du Maître de Hongrie est trop dangereux sur le plan social et religieux pour être accepté par les puissants : il accuse abbés et prélats de cupidité et d'orgueil, et s'en prend même à la papauté, accusée de mépriser les pauvres et de tirer profit de la croisade.

Des conflits s'ensuivent avec le clergé dans plusieurs villes (Rouen, Orléans, Tours). À Bourges, les pastoureaux s'en prennent aussi aux juifs, et sont réprimés par les forces royales. La mort du Maître de Hongrie ne met pas fin au mouvement : des pillages ont lieu en France, par exemple à Bordeaux, où Simon de Montfort réprime les "bergers". Certains parviennent jusqu'à Marseille et s'embarquent pour la Terre sainte, où ils rejoignent les croisés.

Les croisades des pauvres (1309 ; 1320)

La perte totale de la Terre sainte, en 1291, soulève l'indignation du petit peuple : une fois de plus, de nombreux "pauvres", originaires de France, d'Angleterre, d'Allemagne et de Flandre (environ 40 000, dit-on) viennent trouver le pape à Avignon pour réclamer l'organisation d'une croisade. Elle ne parvient qu'à susciter une expédition qui renforce l'occupation de Rhodes par les Hospitaliers.

En 1320, une seconde "croisade des pastoureaux" appelle encore à une expédition vers Jérusalem. Elle n'aboutit pas davantage.

Tous ces mouvements ont en commun une ardente piété, un attachement "viscéral" à Jérusalem et au Sépulcre, une spiritualité mettant l'accent sur l'humilité et la pauvreté, une critique de la richesse et de l'orgueil de la noblesse et de l'Église, une dimension de fanatisme qui renoue avec les premiers élans populaires de 1096. Il ne semble pas, toutefois, que l'élément eschatologique y soit présent. On les connaît malheureusement assez mal, car les sources ecclésiastiques dénigrent et déforment très fortement ces mouvements doublement subversifs, sur les plans social et religieux.

VIII. La croisade après les croisades

Les projets

La perte des États latins ne met pas fin à l'idée de croisade. Le Maître du Temple Jacques de Molay envisage l'envoi en Arménie d'une force préalable devant préparer une tête de pont pour une campagne massive de tous les rois d'Occident. En 1307, le prince arménien Hayton suggère aussi un débarquement massif en Arménie et une alliance avec les Mongols. En 1311, Guillaume de Nogaret, conseiller du roi de France, voit dans les ordres religieux l'obstacle principal à la croisade : une expédition unissant les rois d'Occident, les villes d'Italie et les Mongols devrait être organisée avec les finances résultant de la confiscation des biens du Temple et des taxes sur les autres ordres religieux.

Les plus intéressants de ces plans sont liés au projet de fusion des ordres militaires déconsidérés, évoqué déjà en 1274 au concile de Lyon, et repris après la chute d'Acre en 1291. Pierre Dubois, puis Philippe de Mézières, envisagent de créer un nouvel ordre religieux qui absorberait les autres et aurait pour chef Charles VI, fils du roi de France. Ces projets sont à l'origine de la création des ordres de chevalerie, qui en reprennent l'esprit en le mondanisant.

En 1312, le Vénitien Marino Sanudo rédige un plan très complet combinant un embargo général de l'Égypte à réaliser par les flottes italiennes, en particulier celles de Venise, une alliance de toutes les forces occidentales, l'envoi d'une expédition réduite de type commando chargée d'établir une tête de pont permettant un "passage général" pour conquérir l'Égypte. En 1313, le dominicain Guillaume Adam, puis Raymond Étienne proposent à leur tour une campagne massive, sous la direction du roi de France, alliant action terrestre et maritime.

D'autres plans, comme celui du Catalan Raymond Lulle, déjà mentionné, mêlent plusieurs des traits précédents et y ajoutent une dimension mystique ou apocalyptique. La profusion et la complexité, voire le caractère utopique de la plupart d'entre eux constraste avec la modestie des réalisations de cette époque.

Les réalisations

Un passage général était prévu en 1310, confirmé par le concile de Vienne en 1312. Mais Philippe le Bel, qui avait pris la croix en 1313, renonce à partir. À cette date, une croisade prêchée et financée par le pape a réussi à achever la conquête de Rhodes, que les Hospitaliers fortifient et dont ils font une base avancée dans l'espoir d'une reconquête de la Palestine. Ils se livrent aussi à une "guerre de course" contre les navires musulmans ; le pape Clément V les autorise à les arraisonner et à s'emparer de leur cargaison.

En 1362, le roi Pierre Ier de Chypre rêve à la fois de reconquérir Jérusalem et d'assurer la sécurité du commerce maritime auquel il prend part. Pour intensifier ses raids sur les côtes turques, il fait appel à l'Occident, annonçant son intention d'aller reprendre Jérusalem. Le pape soutient ses efforts, prêche une croisade tandis que Pierre lui-même, comme jadis Bohémond, entreprend une tournée de financement et de recrutement en France, en Angleterre, en Allemagne et jusqu'en Pologne. Le roi de France Jean II se croise, mais meurt en 1364, captif des Anglais. Pierre Ier s'embarque à Venise avec ses recrues. En 1365, avec 10 000 hommes, il va piller Alexandrie et revient à Chypre avec un abondant butin. Pendant cinq ans, il lance des expéditions sur les côtes de Syrie et de Cilicie, mais est assassiné dans son palais en 1369. Nouvel échec.

Quelques expéditions, pourtant, entretiennent l'illusion : en 1390, Louis de Bourbon (avec un contingent français et anglais) et les marins génois débarquent à Mahdia, dont ils font vainement le siège, abandonné lorsque les Génois obtiennent des privilèges commerciaux satisfaisants.

L'espoir d'une libération de Jérusalem, alors, tombe en sommeil, d'autant plus que le schisme pontifical entraîne chacun des papes à prêcher la "croisade" contre ses rivaux. À la fin du XIVe siècle, pourtant, Catherine de Sienne (cf. P. Rousset) compte sur cet idéal de reconquête de Jérusalem et des Lieux saints pour unir l'Occident :

> "Nous ne devons plus faire la guerre entre chrétiens, mais nous devons la faire contre les infidèles parc qu'ils nous font injure et parce qu'ils possèdent ce qui n'est pas à eux, mais à nous."

Mais dès cette date, la croisade (ou plutôt la guerre sainte) prend une autre direction : celle de la défense de l'Europe chrétienne menacée par l'avance ottomane. En 1396, à l'appel d'une nouvelle "croisade" des papes Boniface IX, puis Benoît XIII, la fine fleur de la noblesse européenne, conduite par Jean sans Peur, se croise pour aller secourir le roi de Hongrie et dégager Constantinople assiégée par Bajazet ; certains croisés espèrent poursuivre leur reconquête jusqu'à Jérusalem. Cette "croisade de Nicopolis" donne lieu à de hauts faits d'armes (par exemple de Boucicaut), mais se solde par la déroute complète de la chevalerie chrétienne : désormais, les Balkans s'ouvrent aux Turcs. Seule la victoire du Mongol Tamerlan sur Bajazet retarde la prise de Constantinople. Elle intervient en 1453, malgré l'organisation d'une nouvelle "croisade" en 1444, qui échoue à Varna.

Les ligues navales

La lutte contre les musulmans se poursuit sur mer, par la formation des "ligues navales". La première ligue (1332) unit sous la direction du pape les flottes de Venise, de la France, de Constantinople et des Hospitaliers de Rhodes. Leur but est de combattre et arraisonner les navires musulmans, et de tenter des raids ou des débarquements sur les côtes turques ou syriennes. Comme les croisades, elles sont précédées d'une prédication pontificale, d'une prise de croix et d'une concession de l'indulgence. En 1345, la "croisade de l'Archipel", essentiellement italienne, s'empare de Smyrne. Ces expéditions sont parfois perçues comme des tentatives d'établissement d'une tête de pont pour reconquérir la Terre sainte, et sont par là reliées à l'idée de croisade originelle.

Les Hospitaliers de Rhodes sont au cœur de toutes les ligues navales du XIVe siècle : ils défendent victorieusement leur île contre les Mameluks en 1440, contre les Ottomans en 1481, mais doivent abandonner Rhodes en 1523, après un long siège. Ils se retirent alors à Malte qui leur est concédée par Charles Quint.

Croisade, défense de l'Europe et voyages de découverte

La chute de Constantinople entraîne une vive émotion en Europe occidentale. En 1455, Callixte III prêche la croisade, relayé l'année suivante par l'orateur charismatique Jean de Capistran. Celui-ci envisage la reconquête de Jérusalem et prend la tête de l'expédition qui s'empare d'abord de Belgrade, avant d'échouer : les puissances européennes, occupées à s'entre-déchirer, ne suivent pas.

Désormais, il faut songer à la protection de l'Europe menacée par les Turcs. La "croisade", déviée comme on l'a vu dans la guerre contre les protestants, survit dans les ligues maritimes. La Sainte ligue, unissant les flottes d'Espagne et de Venise sous l'égide de la papauté, remporte la victoire navale de Lépante, en 1571. Dès 1572, le pape proclame à nouveau des indulgences semblables à celles des croisades en Terre sainte, et l'espoir renaît alors d'un débarquement en Palestine, vite dissipé. Le rêve seul subsiste au XVIe siècle, nourrissant les projets non réalisés, voire irréalisables.

En Occident, en revanche, la Reconquista s'achève en 1492 par la prise du royaume de Grenade. Sous la pression de l'Inquisition, les conversions forcées se multiplient, mais les Morisques demeurent secrètement attachés à l'islam. L'échec de cette tentative d'assimilation forcée conduit à leur malencontreuse et funeste expulsion vers le Maghreb, en 1613.

L'esprit de croisade survit peut-être davantage (et c'est un nouveau paradoxe) dans les voyages de découverte, initiés par Henri le Navigateur. Certes, le but commercial est sans doute premier : découvrir une nouvelle route des Indes pour accéder directement aux épices. Mais il s'agit aussi de contourner le bloc musulman, de chercher contre lui l'alliance du mythique "prêtre Jean", de le priver des ressources de ce fructueux commerce, de le prendre à revers, de convertir à la foi chrétienne les peuples mystérieux qui se trouvent au-delà de ce verrou musulman et, par tous ces moyens, de tenter de reprendre Jérusalem aux "infidèles". Les voiles des conquérants des mers portaient pour la plupart la croix de l'ordre du Christ, héritier des Templiers au Portugal. La "croisade", comprise au sens (trop) large du terme, conduit alors à la colonisation.

Conclusion

Il est bien difficile à l'historien d'esquisser un bilan des croisades sans faire intervenir sa propre idéologie politique, morale ou religieuse. Les intellectuels du Siècle des lumières voyaient en elles l'expression même du fanatisme et de l'obscurantisme religieux. Ceux du romantisme exaltaient son souffle épique ; ceux du renouveau catholique insistaient sur l'élan de foi naïf mais sincère ; les protestants soulignaient ses excès et son intolérance, etc.

Depuis un demi-siècle, les opinions sont plus équilibrées, moins tranchées, peut-être moins passionnelles, mais elles ne convergent pas pour autant. Parmi les historiens occidentaux, par exemple, S. Runciman souligne que ces expéditions ont finalement débouché sur un fiasco complet, J. Le Goff ne voit pas qu'elles aient rien apporté à l'Occident, si ce n'est l'abricot, tandis que J. Richard insiste au contraire sur les deux siècles de présence latine en Orient, et sur la relative tolérance qu'y ont développée les Latins envers les populations qu'ils avaient soumises, J. Prawer y voit les prémices d'une société colonialiste, ce que conteste B. Kedar et plus encore R. Ellenblum, etc.

Les historiens européens du XIXe siècle (Michaud) voyaient en la croisade l'esquisse de la "mission" coloniale de l'Europe destinée à apporter au monde la paix, la civilisation et la culture ; les tiers-mondistes y voient également l'amorce de la colonisation européenne, mais c'est pour l'accuser, comme elle, de tous les vices et la rendre responsable de tous les maux ; les musulmans intégristes la considèrent eux aussi comme la première forme du colonialisme européen, comme une agression délibérée contre l'islam réveillant le *jihad* assoupi et favorisant la prise de conscience de la nation arabe.

Ces prises de position radicales et antagonistes mettent beaucoup trop l'accent sur le phénomène colonial, qui n'est pas premier dans la croisade, et négligent les fondements mêmes de la croisade, qui n'est rien autre, à l'origine, qu'une guerre sacralisée ayant pour but la reconquête des territoires chrétiens envahis par les musulmans, et en particulier la délivrance du Saint-Sépulcre, premier lieu saint du christianisme. Cette sacralisation, déjà ébauchée à propos de la Reconquista espagnole, atteint avec la croisade un degré suréminent qui lui vient précisément de Jérusalem, ville trois fois sainte.

La croisade avait avant tout pour but la reconquête de cette Ville sainte dans une perspective de salut acquis par le pèlerinage, et dans une perspective eschatologique, trop souvent négligée. Le caractère "colonial" des États latins ne doit donc pas être surestimé, mais il n'est pas pour autant à écarter. Il résulte avant tout de la rupture qui s'est accentuée entre chrétiens grecs et latins, qui isole davantage encore les États d'outremer en rompant la continuité territoriale aussi bien que religieuse et mentale. Cette rupture n'est certes pas créée par la croisade, mais celle-ci, dans sa réalisation première et plus encore dans ses déviations, a contribué à creuser profondément le fossé entre ces deux parties de la chrétienté.

La croisade a bien évidemment (pourquoi le nier ?) élargi le fossé entre chrétiens et musulmans. Elle n'est pas pour autant une "guerre à l'islam" en tant que religion, au demeurant mal connue, mais en tant que pouvoir politique, militaire et religieux diffus, perçu comme une puissance jadis envahissante (on oserait presque dire "colonisatrice" si l'on ne risquait pas de tomber dans l'excès dénoncé plus haut). Un pouvoir considéré comme vulnérable, dès la fin du XIe siècle, à une époque où l'on estime que Dieu a cessé de punir les chrétiens de leurs péchés et favorise pour eux et par eux la reconquête des territoires perdus, en particulier celle des Lieux saints, héritage du Christ.

L'indéniable caricature de la religion islamique dans les chroniques de croisade comme dans les chansons de geste est un fait "naturel" de propagande connu dans toutes les guerres ; elle est destinée à se rassurer, à diaboliser l'adversaire, sacralisant ainsi plus encore le combat mené contre lui.

La croisade n'avait pas pour but de convertir l'adversaire musulman, mais de lui reprendre le tombeau du Christ et le berceau du christianisme. En cela, la croisade répondait au *jihad* avec toutefois une différence de taille : le premier des Lieux saints de l'islam n'était pas tombé aux mains des "infidèles", comme l'était alors le Sépulcre de Jérusalem. Comme lui, elle a donné lieu à des massacres horribles et condamnables mais malheureusement habituels à cette époque, particulièrement lors des sièges des villes lorsque les défenseurs refusaient de se rendre. En multipliant les occasions de conflits en des zones religieusement sensibles, la croisade a favorisé et amplifié ces méfaits. Il en résulte aujourd'hui encore des rancœurs tenaces.

En prêchant la croisade, le pape Urbain II tentait de mobiliser la chevalerie d'Occident au service de la chrétienté, fondant ainsi une "nouvelle chevalerie" dont l'idéal de croisade aurait été l'une des valeurs éthiques fondamentales. En cela aussi, la tentative a en grande partie échoué, car la chevalerie est demeurée laïque, se donnant à elle-même une éthique, une idéologie mêlant des valeurs profanes aux valeurs religieuses prônées par l'Église. L'idée de croisade ne forme guère qu'une composante, somme toute mineure, de l'idéologie chevaleresque.

Enfin, les déviations de la croisade contre les musulmans en Espagne, les païens en Europe de l'Est, les hérétiques en Languedoc et les adversaires politiques du souverain pontife en Italie ne sont que des guerres sacralisées par la papauté, qui réutilise ici, pour valoriser ces luttes, la notion très mobilisatrice de croisade, qui ne devrait guère s'appliquer à des combats de ce genre. Il s'agit là d'un élargissement que l'historien n'est nullement tenu de cautionner. Il menait à la dénaturation de cette notion que l'on constate aujourd'hui, et à l'emploi abusif du mot croisade pour désigner toute lutte considérée comme moralement noble : contre le racisme ou contre la pauvreté, quand ce n'est pas une action commerciale ou une tentative de libéralisation des mœurs ou, au contraire, de rétablissement d'un ordre moral jugé corrompu.

Il faut conserver au terme de croisade son sens spécifique : la croisade est une "guerre sainte" ayant pour objectif la récupération du tombeau du Christ à Jérusalem, premier lieu saint de la chrétienté.

Bibliographie sommaire limitée aux ouvrages en français

ALPHANDÉRY, P., et DUPRONT, A., *La chrétienté et l'idée de croisade*, t. I et II, Paris, 1954; réédition, 1995 (avec postface de Monsieur Balard).
AUBÉ, P., *Baudouin IV de Jérusalem, le roi lépreux*, Paris, 1981.
AUBÉ, P., *Godefroy de Bouillon*, Paris, 1895.
AUBÉ, P., *Les empires normands d'Orient*, Paris, 1983.
BALARD, M., *Les croisades*, Paris, 1988.
BALARD, M. (ed.), "Autour de la première croisade", *Actes du colloque de la Society for the Study of the Crusades and the Latin Easti,* Clermont-Ferrand, 22-25 juin 1995, Paris, 1996.
BALARD, M. et DUCELLIER, A. (eds), *Coloniser au Moyen Âge*, Paris, 1995.
BALARD, M. et DUCELLIER, A. (eds), *Le partage du monde : échanges et colonisation dans la Méditerranée médiévale,* Paris, 1998.
BALARD, M. et DUCELLIER, A., (eds), *Constantinople, 1054-1261*, Paris, 1996.
BARKAÎ, R., *Chrétiens, Musulmans et Juifs dans l'Espagne médiévale : de la convergence à l'expulsion*, Paris, 1994.
BOGDAN, H., *Les chevaliers teutoniques*, Paris, 1995.
CAHEN, C., *La Syrie franque à l'époque des croisades,* Paris, 1940.
CAHEN, C., *Orient et Occident au temps des croisades*, Paris, 1983.
DELARUELLE, E., *L'idée de croisade au Moyen Âge*, Torino, 1980.
DEMURGER, A., *La croisade au Moyen Âge*, Paris, 1998.
DEMURGER, A., *Vie et mort de l'ordre du Temple*, Paris, 1985 (2e éd. 1989).
DUPRONT, A., *Le mythe de croisade,* 4 vol., Paris, 1997.
DUPRONT, A., *Du sacré, croisades et pèlerinages, Images et langages*, Paris, 1987.
FLORI, J., *La première croisade. L'occident chrétien contre l'islam (aux origines des idéologies occidentales)*, Bruxelles, 1992, (2e édition, 1997).
FLORI, J., *Croisade et chevalerie, XIe-XIIe siècles*, Paris-Bruxelles, 1998.
FLORI, J., *Pierre l'Ermite et la première croisade*, Paris, 1999.
FLORI, J., *Richard Cœur de Lion, le roi-chevalier*, Paris, 1999.
FLORI, J., *La guerre sainte. La formation de l'idée de croisade dans l'Occident chrétien,* Paris, 2001.
GRABOÏS, A., *Le pèlerin occidental en Terre sainte au Moyen Âge*, Bruxelles, 1998.
GROUSSET, R., *Histoire des croisades et du royaume franc de Jérusalem*, Paris, 1934-1936, 3 vol. (réédition 1991).
GROUSSET, R., *L'épopée des croisades*, Paris, 1939 (réédition 1995).

GROUSSET, R., *Les croisades*, Paris, 1944 (réédition 1994).

LAGARDÈRE, V., *Le vendredi de Zallâqa (23 oct. 1086)*, Paris, 1989.

"Le Concile de Clermont de 1095 et l'appel à la Croisade", *Actes du Colloque universitaire international de Clermont-Ferrand (23-25 juin 1095)*, Rome, 1997.

MAALOUF, A., *Les croisades vues par les Arabes*, Paris, 1983.

MORRISSON, C., *Les croisades*, Paris, (PUF, Que sais-je ?), 1984.

PACAUT, M., *Frédéric Barberousse*, Paris, 1991.

PERNOUD, R., *Les croisés*, Paris, 1959.

PERNOUD, R., *Les hommes de la croisade*, Paris, 1982.

PLATELLE, H., *Les croisades*, Paris, 1994.

PRAWER, J., *Histoire du royaume latin de Jérusalem*, Paris, t. I, 1969 ; t. II, 1970.

REY-DELQUÉ, M. (ed.), *Les croisades. L'Orient et l'Occident d'Urbain II à Saint Louis,* 1096-1270, Milan, 1997.

RICHARD, J., *Le royaume latin de Jérusalem*, Paris, 1953.

RICHARD, J., *L'esprit de la croisade*, Paris, 1969.

RICHARD, J., *Saint Louis, roi d'une France féodale, soutien de la Terre sainte*, Paris, 1983.

RICHARD, J., *Croisades et États latins d'Orient*, Points de vue et documents, Variorum, 1992.

RICHARD, J., *Histoire des croisades*, Paris, 1996.

RILEY-SMITH, J., *Les croisades*, Paris, 1990.

RILEY-SMITH, J., *Atlas des croisades*, Paris, 1996.

ROUSSET, P., *Les origines et les caractères de la première croisade*, Neuchâtel, 1945.

ROUSSET, P., *Histoire des croisades*, Paris, 1957.

ROUSSET, P., *Histoire d'une idéologie : la croisade,* Lausanne, 1983.

RUNCIMAN, S., *Histoire des croisades*, vol. 1 : *La première croisade et la fondation du royaume de Jérusalem,* Paris, 1998.

RUCQUOI, Adeline, *Histoire médiévale de la péninsule ibérique*, Paris, 1993.

SASSIER, Y., *Louis VII*, Paris, 1991.

SÉNAC, Ph., *L'image de l'autre*, Paris, 1983.

SIVAN, E., *L'islam et la croisade*, Paris, 1968.

TATE, G., *L'Orient des croisades*, Paris, 1991.

VILLEY, M., *La croisade. Éssai sur la formation d'une théorie juridique*, Paris, 1942.

TABLE DES MATIÈRES

Introduction 5

Les origines 7

I. L'Église et la guerre, des origines à l'an mil 8
II. L'idée de guerre sacralisée aux alentours de l'an mil 10
III. L'idée de guerre sainte avant la croisade 14
IV. La guerre contre les musulmans avant 1095 16
V. Les projets de "croisade" en Orient 20

Les réalisations 26

I. La première croisade (1096-1101) 27
II. Les croisades du XIIe siècle 40
III. Les croisades du XIIIe siècle 50

Pratiques, problèmes et institutions de la croisade 61

I. La Prédication 61
II. Les vœux 62
III. Les motivations 63
IV. Statut et privilèges du croisé 64
V. L'indulgence de croisade 65
VI. La croisade comme institution 68
VII. Le financement de la croisade 69
VIII. Les effectifs 71

123

IX. Croisade et eschatologie 74
X. La réglementation de croisade 78
XI. Croisade et chevalerie 79
XII. Les ordres religieux militaires 81
XIII. Les villes italiennes et la croisade 84
XIV. Les États latins de Terre sainte 85
XV. Croisade et colonisation 87
XVI. L'impossible tolérance ? 90
XVII. Croisade et jihad 93
XVIII. Croisade et mission 95

Vraies et fausses croisades : déviations et récupérations 99

I. Les croisades oubliées 99
II. Les croisades déviées 101
III. Les croisades détournées 102
IV. Les croisades dénaturées 104
V. Les croisades dévoyées 106
VI. Les croisades récupérées 108
VII. Les croisades reniées 109
VIII. La croisade après les croisades 112

Conclusion 117

© Avril 2001. Editions Jean-Paul Gisserot

CET OUVRAGE A ÉTÉ IMPRIMÉ ET FAÇONNÉ PAR POLLINA S.A85 FRANCE.
N° D'IMPRESSION **83494**

Imprimé en France